Johannes Wendel (Hrsg.)
»Ich habe dem Mörder meiner Tochter vergeben«
… und andere persönliche Berichte

Johannes Wendel (Hrsg.)

„ICH HABE DEM MÖRDER MEINER TOCHTER VERGEBEN"

... und andere persönliche Berichte

Christliche Verlagsgesellschaft mbH
Kompetent. Profiliert. Engagiert.

DIE GIDEONS

Alle Bibelverse sind zitiert nach der Lutherbibel
in der Fassung von 1984,
Copyright Deutsche Bibelgesellschaft, Stuttgart.

Impressum

Wendel, Johannes (Hrsg.)
**»Ich habe dem Mörder
meiner Tochter vergeben«**
… und andere persönliche Berichte

ISBN 978-3-89436-830-2

4. Auflage 2014

© Copyright 2010 Christliche Verlagsgesellschaft mbH, Dillenburg
www.cv-dillenburg.de
Gesamtgestaltung: Jens Neuhaus, Bocholt, www.icancreative.de
Druck: GGP Media GmbH, Pößneck

Printed in Germany

Inhalt

Vorwort des Herausgebers..................8

Ursula Link..........................11
»Ich habe dem Mörder meiner Tochter vergeben«
Gott gibt Kraft zum scheinbar Unmöglichen

Sonia Wörle 17
»Ich schrie zu Gott«
»Gott, wenn du mir eine Wohnung gibst, dann ziehe ich
bei meinem Freund aus …«

Michael Schindler 21
»Der Atheismus gab mir keine Antwort«
Aufgewachsen in der ehemaligen DDR

Christa Höppner...................25
Brustkrebs mit 38 Jahren
»War das nun das sogenannte schöne Leben?«

Thomas Penzel 29
Auf der Suche nach dem Sinn
»Gott, wenn es dich wirklich gibt, dann zeig dich mir …«

Waldemar Grab.....................35
**Traumschiffpianist auf MS Deutschland
– und die Welt gesehen**
Wenn da nicht die Concord-Flugzeugkatastrophe gewesen wäre …

Walter Klaber 41
Drogen, Raubüberfälle und keine Perspektive
»In meinem Leben gab es noch nie etwas umsonst«

Enrico und Franziska Döring 45
»Dort wohnt Gott drin!«
»Zu Hause suchten wir die kleine grüne Gideon-Bibel«

Wilfried Römischer 49
Die zerlesene Gideon-Bibel
»Oft weinte ich in dieses Buch hinein«

Dr. med. Annemarie Poppinga 55
Getröstet über allem Schmerz
Der Tag, an dem mein Sohn nicht mehr zurückkam

Dieter Walz 59
»Fliegen Sie gerne?«
Eine Frage, die alles veränderte

Friedrich Kurz 63
Reich – berühmt – erfolgreich
… und innerlich leer
Der Musical Mann

Matthias Fengler 67
Auf der Suche nach Freiheit
Die späte Reue eines Bankräubers

Günther Tietz 71
»Ich schäme mich des Evangeliums nicht«
Gottes Wege sind wunderbar

Dr. Paul Seydel..77
»Wenn ich jetzt springe, geht es ganz schnell ...«
Hotelzimmer: nachts um 3 Uhr

Heiko Ehrhardt..81
Ein kleines »Amen« auf Gottes großes »Ja«
Es war die letzte Seite der Gideon-Bibel

Alfred Günthner..85
»Ich wollte und wollte nicht«
Wenn finanzielle Schwierigkeiten zwingen, die Bibel zu lesen

Nachwort des Herausgebers 90

Schritte in ein neues Leben 91

Vorwort des Herausgebers

Sie werden in diesem Buch häufig vom Gideonbund, den Gideons und der »Gideon-Bibel« lesen. Vielleicht kennen Sie die Bibeln, die in Hotelzimmern ausliegen? Oder haben Sie schon einmal eine Taschenbibel in der Schule geschenkt bekommen?

Der Internationale Gideonbund ist eine Vereinigung von Geschäftsleuten, Angestellten und Beamten in verantwortlicher Stellung mit ihren Ehefrauen in über 190 Ländern, die Bibeln in Hotels, Krankenhäusern und Arztpraxen auslegen. Auch an Schulen, Universitäten, bei der Bundeswehr und Bundespolizei verteilen die Mitglieder kostenlos Taschenbibeln in der Lutherübersetzung. Der Gideonbund ist keine Religionsgemeinschaft. Seine Mitglieder sind aktiv in ihrer örtlichen evangelischen Kirchengemeinde, Freikirche oder Versammlung eingebunden. In Deutschland gibt es über 4.100 Mitglieder, wobei der Gideon-Frauendienst Bibeln in Arztpraxen auslegt bzw. an weibliche Insassen von Justizvollzugsanstalten sowie medizinisches Personal weitergibt.

Dieses Buch erzählt von lebensverändernden Geschichten, die Menschen nach dem Lesen in der Bibel erfahren haben.

Ich glaube, dass jeder, der aufrichtig in der Bibel liest, die Möglichkeit hat, Gott direkt zu begegnen – weil Gott zugegen ist. Egal, ob als Geschäftsmann, der im Hotel eincheckt, als Schüler oder als Hausfrau: Gott ist da! Und davon erzählen die folgenden Berichte.

Johannes Wendel (Herausgeber)

Johannes Wendel (Jg. 1962) ist verheiratet und hat eine Tochter. Bevor er 2002 die Aufgabe als Geschäftsführer der Niederlassung des Internat. Gideonbundes in Deutschland übernahm, war er in einem Unternehmen für konzernübergreifende IT-Projekte zuständig.

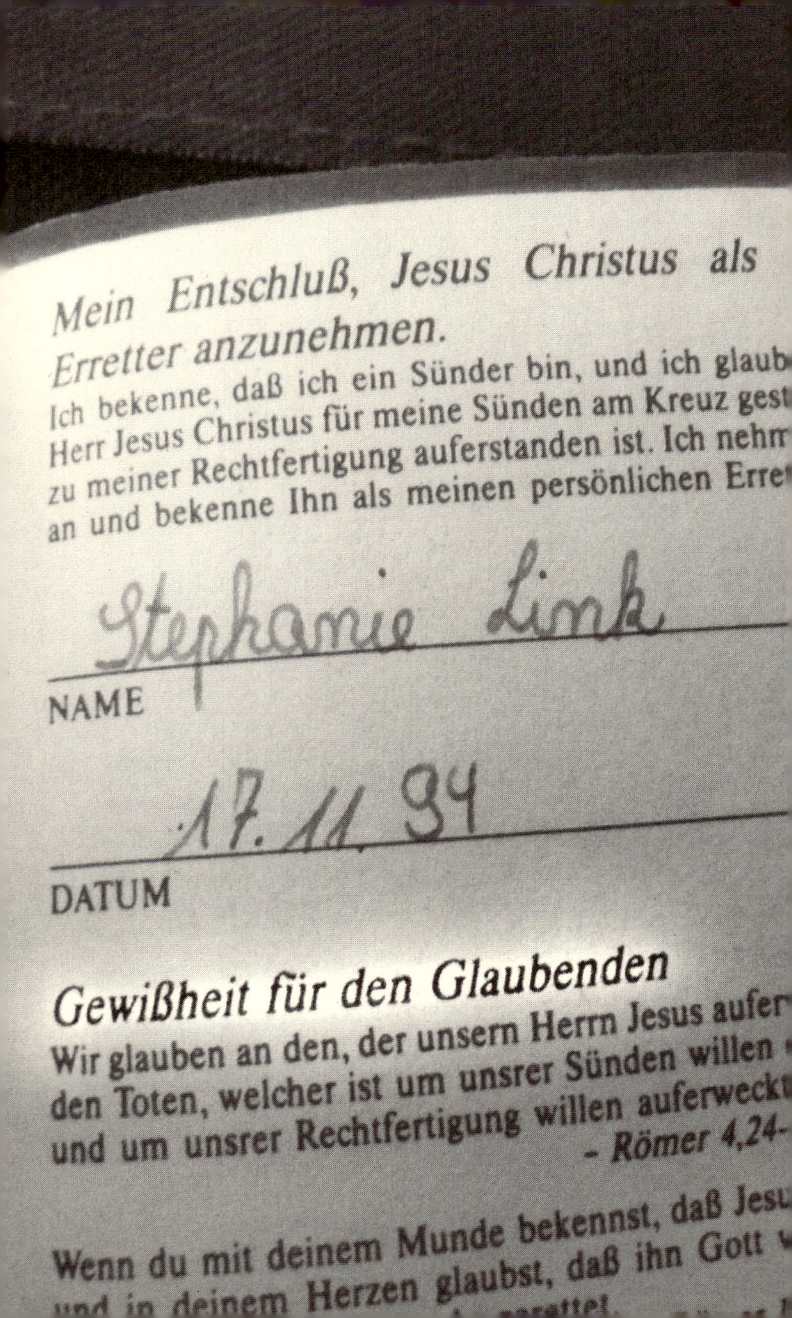

Mein Entschluß, Jesus Christus als Erretter anzunehmen.

Ich bekenne, daß ich ein Sünder bin, und ich glaub[e, daß] Herr Jesus Christus für meine Sünden am Kreuz gest[orben und] zu meiner Rechtfertigung auferstanden ist. Ich nehm[e Ihn] an und bekenne Ihn als meinen persönlichen Erret[ter.]

Stephanie Link
_____
NAME

17.11.94
_____
DATUM

Gewißheit für den Glaubenden

Wir glauben an den, der unsern Herrn Jesus aufer[weckt hat von] den Toten, welcher ist um unsrer Sünden willen [dahingegeben] und um unsrer Rechtfertigung willen auferweckt[worden.]
— Römer 4,24-[25]

Wenn du mit deinem Munde bekennst, daß Jesu[s der Herr ist,] und in deinem Herzen glaubst, daß ihn Gott [auferweckt hat von den Toten, so wirst du] gerettet.

Ursula Link

»Ich habe dem Mörder meiner Tochter vergeben«

Gott gibt Kraft zum scheinbar Unmöglichen

In der Neujahrsnacht 2000 kam meine Tochter Steffi, 16 Jahre alt, von einer Feier nicht mehr nach Hause. Sie wurde auf brutalste Weise ermordet. Ein Mann, der zur Sadomaso-Szene gehörte, stach sie mit einem Messer nieder. Er entblößte sie dann, missbrauchte sie mit dem Messer und schnitt ihr am Ende den gesamten Bauchraum auf. Für meine jüngere Tochter Nadine (damals 14 Jahre alt) und mich war das Leben danach furchtbar und unerträglich. Seit 1992 war ich alleinerziehend und hatte mit dem Glauben nicht viel zu tun.

Ein Jahr nach diesem Ereignis unternahm Nadine einen Selbstmordversuch, weil sie das Geschehene nicht mehr ertragen konnte. Sie wurde gerettet, verbrachte dann einige Zeit in der Jugendpsychiatrie und begann aus ihrer großen seelischen Not heraus, sich selbst mit Rasierklingen zu verletzen. Wenn das Blut floss, ging es ihr vorübergehend besser.

Im November 2002 waren wir beide an einem Punkt tiefster Verzweiflung und Hoffnungslosigkeit und gingen zu einer Freundin, weil wir einfach nicht mehr weiterwussten. Sie sagte uns: »Ich weiß nicht, wie ich euch helfen kann, aber ich kenne jemanden, der es kann«, und dann erzählte sie uns von

Jesus Christus. An diesem Tag übergaben Nadine und ich unser Leben Jesus. Er schenkte uns dann Begegnungen mit vielen gläubigen Christen, die uns in unserer Not beistanden, von Gottes Liebe erzählten und mit uns über die Bibel sprachen. Es ging uns von Tag zu Tag und von Woche zu Woche besser. Ich wurde von schwersten Depressionen geheilt und bekam wieder Lebensmut; auch Nadine erholte sich langsam.

Jetzt waren Nadine und ich errettet – doch was war mit Steffi? Sie muss doch auch errettet sein – sonst hat das alles keinen Sinn! Als ich einmal die Kirche besucht hatte, war in mir das tiefe Gefühl und der Friede gewesen, dass Stephanie jetzt ganz nahe bei Gott ist. Aber ich kannte auch den Bibelvers, der sagt: *»Es sei denn, dass jemand von neuem geboren werde, so kann er das Reich Gottes nicht sehen«* (Jesus zu Nikodemus in Johannes 3,3). Ich durchlebte einen schweren inneren Konflikt bezüglich meiner Liebe zu Jesus und der Ungewissheit, ob Steffi gerettet ist.

Nach Steffis Tod war irgendwann der Zeitpunkt gekommen, ihr Zimmer aufzuräumen und ihre Sachen zu sortieren. Dabei war mir eine kleine Bibel mit grünem Kunststoffeinband in die Hände gefallen. Da wir bereits einige Bibeln zu Hause hatten, sah ich eigentlich keinen Bedarf mehr; trotzdem legte ich sie im Wohnzimmer ins Regal.

Kurz vor meiner Taufe durchlebte ich wieder ein ganz tiefes Loch wegen dieser Ungewissheit über Steffis Errettung. Auf einmal ging ich ohne nachzudenken ans Regal, nahm diese grüne Bibel heraus und öffnete sie. Damals geschah es ganz ohne Grund; heute weiß ich, dass Jesus mich geführt hat. Ich schlug sofort die letzte Seite mit dem Übergabegebet auf – und dort hatte Steffi mit Datum unterschrieben, als sie 11 Jahre alt gewesen war.

Da heißt es: »*Mein Entschluss, Jesus Christus als meinen Erretter anzunehmen: Ich bekenne, dass ich ein Sünder bin, und ich glaube, dass der Herr Jesus Christus für meine Sünden am Kreuz gestorben und zu meiner Rechtfertigung auferstanden ist. Ihn nehme ich jetzt an und bekenne ihn als meinen persönlichen Erretter.*«

Ich kann nicht beschreiben, wie überschwänglich meine Gefühle angesichts der großen Gnade waren, die Jesus mir geschenkt hatte! Ich bin so dankbar, dass ich Gewissheit haben darf, dass Steffi nun bei Jesus Christus in der Ewigkeit lebt. Seither ist mir diese kleine Bibel so kostbar geworden.

Ein Jahr nach mir ließ auch Nadine sich taufen. Wir beide erfuhren sehr viel innere Heilung. Jesus hat uns ein ganz neues Leben mit viel Liebe und Freude geschenkt.

Der Mörder meiner Tochter war nach dem Verbrechen schnell gefasst worden. Aufgrund der Grausamkeit der Tat wurde er zu lebenslänglicher Haft mit anschließender Sicherheitsverwahrung verurteilt. In einem langsamen inneren Prozess, der Jahre dauerte, machte Jesus mir deutlich, wie wichtig es ist zu vergeben. Eines Tages war ich so weit, dass ich sagen konnte: »Herr Jesus, ich vergebe diesem

Mann aus vollem und ganzem Herzen.« In diesem Moment durfte ich erfahren, dass ich noch einmal freier und heiler an meiner Seele wurde.

Im Februar 2009 besuchte ich den Mörder meiner Tochter im Gefängnis. Er war schwer an Krebs erkrankt. Ich konnte ihm sagen, dass ich ihm vergeben habe und dass auch Gott ihm vergeben möchte. Der Mann bat mich darum, mit ihm zu beten, was ich dann auch tat. Unter Tränen übergab er sein Leben Jesus Christus. 14 Tage später starb er.

Ursula Link, 1955 in Duisburg geboren, lebt seit 1979 in Freiburg. Seit 1992 ist sie alleinerziehende Mutter. Bei der Scheidung sind die beiden Töchter 8 und 6 Jahre alt. Sie können nach der Scheidung einen kleinen Stall mit Ponies und anderen Tieren neben Schule und Arbeit unterhalten und verbringen dort viele schöne Stunden gemeinsam. Wie ein Kleeblatt halten sie zusammen, und immer ist eine für die andere da, bis in der Neujahrsnacht 2000 das Unfassbare geschieht, das ihr Leben von da an komplett verändert ... Heute ist Ursula Link Mitglied einer internationalen Christengemeinde, arbeitet ehrenamtlich beim Schwarzen Kreuz mit, einer christlichen Straffälligen-Hilfe, und besucht zweimal wöchentlich Strafgefangene sowohl im Untersuchungsgefängnis als auch bereits

verurteilte Gefangene. Beruflich arbeitet sie vollzeitlich als Chemielaborantin in der Qualitätskontrolle einer Arzneimittelfirma.

Ihre Lieblingsbibelverse sind Johannes 10,10: »Ein Dieb kommt nur, um zu stehlen, zu schlachten und umzubringen. Ich [Jesus Christus] bin gekommen, damit sie das Leben und volle Genüge haben sollen.« Das hat sich so bewahrheitet in ihrem Leben. Und Jesaja 61,1: »Er hat mich gesandt, den Elenden gute Botschaft zu bringen, die zerbrochenen Herzen zu verbinden, zu verkündigen den Gefangenen die Freiheit, den Gebundenen, dass sie frei und ledig sein sollen.«

Sonia Wörle

»Ich schrie zu Gott«

»Gott, wenn du mir eine Wohnung gibst,
dann ziehe ich bei meinem Freund aus und ...«

Ich war verheiratet und hatte zwei Kinder, als mein Mann eine Beziehung mit einer anderen Frau begann. Daraufhin ließ ich mich scheiden. Bald lernte ich einen neuen Mann kennen, mit dem ich zusammenzog. Es war mein Wunsch zu heiraten, aber davon wollte mein neuer Lebensgefährte nichts wissen – auch nicht, als wir schon ein gemeinsames Kind hatten und das nächste unterwegs war.

Während dieser Schwangerschaft saß ich eines Tages auf meinem Bett und heulte über das Leben mit meinem Freund, der Alkohol trank und keine Verantwortung übernehmen wollte. Obwohl er der Vater meiner Kinder war, wollte er keine Ehe mit mir.

Eine Freundin, die seit Kurzem Christ war, hatte mir vor einiger Zeit eine Taschenbibel von den Gideons mit den Worten geschenkt: »Das ist das, was du brauchst.« In meiner Niedergeschlagenheit nahm ich dieses Buch in die Hand und begann, darin zu lesen. Als ich spürte, welche Kraft von diesen Worten ausging, traf ich die Glaubensentscheidung, mit Jesus zu leben. Ich bekannte ihm meine Sünden, übergab ihm mein Leben und bekräftigte das mit meiner Unterschrift auf der letzten Seite der Gideon-

Bibel. Mir war es wichtig, diese Lebensübergabe schriftlich zu dokumentieren, damit ich mich dessen immer wieder versichern konnte.

Mein Partner versprach, sich zu ändern und mich zu heiraten. Ich glaubte ihm das nochmals ein weiteres Jahr lang, doch es änderte sich nichts. In dieser Lage betete ich: »Gott, wenn du mir eine Wohnung gibst, dann ziehe ich bei meinem Freund aus und folge dir ganz nach.«

Wenige Augenblicke später ging ich in den Keller, um das Altpapier zu entsorgen. Dabei fiel mein Blick auf einen Aushang: »Nachmieter für kinderfreundliche 4-Zimmer-Wohnung gesucht.« Sofort rief ich dort an und konnte die Wohnung gleich besichtigen und den Mietvertrag unterschreiben. Jetzt hatte ich eine Wohnung! Ich konnte es kaum fassen und nahm zu Hause meine Gideon-Bibel in die Hand: Ich hatte vor genau einem Jahr mein Leben Jesus übergeben und das Datum hier eingetragen. Jetzt hielt ich in der einen Hand den unterschriebenen Mietvertrag und in der anderen die unterschriebene Gideon-Bibel. Für mich war das eine Bestätigung, dass Gott für seine Kinder sorgt.

Ich zog mit meinen vier Kindern bei meinem Freund aus, und wir trennten uns. Heute darf ich Glied einer lebendigen Gemeinde sein und täglich erleben, dass ich nicht »alleinerziehend« bin, denn ich habe Jesus!

Gottes Eingreifen erlebte ich auch 2006, als ich an einer Freizeit in einem evangelischen Freizeitheim im Schwarzwald teilnahm. Ein Gastank explodierte und brachte das Haus zum Einsturz. Ich wurde lebendig unter den Trümmern einer Wand begraben, doch ich erlitt nur leichte Verletzungen. Dass niemand von den 22 anwesenden Personen starb, schreibe ich dem Schutz Gottes zu. Für mich bestätigt sich der 23. Psalm:

»*Der Herr ist mein Hirte. Mir wird nichts mangeln.*«

Das erlebe ich immer wieder.

***Sonia Wörle** ist Mutter von vier Kindern zwischen 8 und 21 Jahren, alleinerziehend, gelernte Postbotin und lebt auf der Schwäbischen Alb. Als Wurst- und Fleischverkäuferin auf Wochenmärkten bringt sie ihre Familie so gerade finanziell über die Runden. Sie fühlt sich aufgehoben in ihrer Gemeinde und erlebt jeden Tag, dass Jesus Christus für sie Realität ist.*

Michael Schindler

»Der Atheismus gab mir keine Antwort«

Aufgewachsen in der ehemaligen DDR

Im Sommer 1990 ging ich auf Arbeitssuche von Döbeln, Sachsen, nach Nürnberg. Ich hatte Glück und bekam dort eine Stelle bei einem Elektrokonzern, wo ich gut verdiente. In den folgenden Jahren konnten wir uns als Familie viele Dinge leisten, von denen wir früher nur geträumt hatten. Wir lebten in einem ständigen materiellen Aufschwung, und ich war sehr damit beschäftigt, diesen Trend noch zu steigern. Das hatte natürlich seinen Preis: viele Überstunden, den Kopf voll mit Arbeitsproblemen, Schwierigkeiten mit dem Vermieter, und die Kinder nervten mich manchmal ganz schön ... Ich musste außerdem eine gewisse Härte entwickeln, um mich als Ostdeutscher im Westen zu behaupten.

Meine damals 12-jährige Tochter konnte das aber nicht. Sie war neu an eine Realschule gekommen und wurde dort aufgrund ihrer Herkunft aus der DDR ausgegrenzt. Meine Frau und ich hatten davon nichts mitbekommen, bis unsere Tochter eines Morgens aus dem Haus ging und eine kleine Karte mit der Nachricht hinterließ, dass sie nie mehr wiederkommen wolle. In diesen Momenten großer Angst und Ohnmacht erinnerte ich mich an Gott und flehte ihn an, das Leben meiner Tochter zu beschützen. Wir suchten sie dann völlig kopflos und fanden sie kurze Zeit später – es erschien uns wie ein Wunder.

Bis zu diesem Tag war Gott für mich etwas Fremdes, sehr weit Entferntes gewesen. Doch plötzlich hatte ich das Gefühl, dass dieser Gott mein Gebet erhört und gehandelt hatte. Aber es geschah noch mehr an diesem Tag: Voller Scham musste ich erkennen, wie blind ich gegenüber den Bedürfnissen und Nöten meiner Kinder gewesen war; ich hatte mit Zuwendung, Zeit und auch Geld gegeizt. Ich erkannte auf einmal, wie wertvoll meine Kinder und wie zweitrangig die materiellen Dinge sind, die bisher bei mir so oft im Vordergrund gestanden hatten – ich fühlte eine Veränderung in mir und war dankbar.

Knapp zwei Jahre später brachte meine Tochter ein kleines grünes Büchlein mit nach Hause. Die Gideons waren in ihrer Schule gewesen und hatten Taschenbibeln an alle Schüler verschenkt. Ich nahm das zur Kenntnis, und meine Tochter legte die Bibel zu ihren Sachen. Zu diesem Zeitpunkt ahnte ich nicht, dass Gott dieses Buch dazu bestimmt hatte, mich zu Jesus Christus zu führen.

Die wirtschaftliche Situation an meinem Arbeitsplatz wurde immer schwieriger, es gab einen schleichenden Personalabbau, und die Angst vor Entlassungen ging um. Ich litt sehr unter dem ganzen Stress und wünschte mir eine andere Arbeitsstelle. Aber wer konnte mir in dieser aussichtslosen Lage helfen? Nur Gott! So betete ich um seine Führung und Hilfe.

Mit zitternden Knien und halb krank ging ich durch diese schweren Wochen. Dann, zu Beginn des neuen Jahres, erfüllte sich mein Wunsch, und ich bekam eine Stelle in einer neuen Firma. Der Wechsel erwies sich für mein Leben als großer Gewinn. Ich hatte wieder einen freien Kopf und konnte mich besser den Bedürfnissen meiner Familie widmen.

In dieser Zeit wurde die Gideon-Bibel zu meinem Begleiter. Anfangs las ich ab und zu ein Kapitel, bald schon regelmäßig jeden Abend. Vieles, was mir früher unverständlich und dunkel erschienen war, bekam jetzt für mich Sinn und Zusammenhang. Gott führte mir Schritt für Schritt meine Sünden von Jugend an vor Augen, die ich ihm als Schuld bekannte – und oft flossen Tränen der Reue, aber auch der Erleichterung, denn ich durfte darauf vertrauen, dass Gott meine Bitte um Vergebung erhört hatte. Durch diese kleine grüne Gideon-Bibel konnte ich das Wort Gottes als eine lebendige Kraft erfahren, die mich veränderte und mir neues Leben schenkte.

*Heute ist **Michael Schindler** selbst aktiv bei den Gideons. Das Erstaunliche ist, dass seine erste Bibelweitergabe in der Schule war, wo zuvor seine Tochter ihre Taschenbibel von den Gideons bekomen hatte.*

Christa Höppner
Brustkrebs mit 38 Jahren
»War das nun das sogenannte schöne Leben?«

Meinen Vater lernte ich nie kennen, und meine Mutter warf mir von klein auf vor, ihr das Leben verpfuscht zu haben. Sie misshandelte mich verbal und körperlich, sodass ich einige Male ins Krankenhaus musste. Als ich im Alter von 17 Jahren mit einem Schädelbasisbruch eingeliefert worden war, weil sie mich mit dem Kopf gegen die Wand geschlagen hatte, beschloss ich, zum Jugendamt zu gehen. Meiner Mutter wurde das Erziehungsrecht wegen Kindesmisshandlung entzogen. Von da an versuchte ich, mein Leben selbst in die Hand zu nehmen.

Als wäre diese Kindheit und Jugend nicht schon genug gewesen, kam für mich der schreckliche Tag, an dem der Frauenarzt mir mitteilte, dass ich weit fortgeschrittenen Brustkrebs hätte und sofort operiert werden müsse. Ich war 38 Jahre alt und hatte einen 13-jährigen Sohn, der mich brauchte. Der Schock wurde noch größer, als ich den Chirurgen fragte, wie lange ich noch zu leben hätte. »Vielleicht ein Jahr, und wenn sie Glück haben, auch noch etwas länger«, antwortete er mir.

Nach der Operation dachte ich sehr intensiv über mein Leben nach. Nein, schön war es bisher wirklich nicht gewesen. Ich hatte der ganzen

Welt beweisen wollen, dass ich es auch allein schaffe, und war dabei oft kläglich gescheitert. Mein Leben war geprägt von Depressionen, Ängsten und Selbstmordversuchen; ich war voller Hass und Groll und ständig auf der Suche nach Liebe, die ich nie bekommen hatte.

Ich sagte mir: »Das kann es doch nicht gewesen sein. War das nun das sogenannte schöne Leben?« Dann beschloss ich, noch einmal ganz von vorne anzufangen und alles besser zu machen. Ich wollte nur leben. Von diesem Moment an kämpfte ich gegen den Krebs und ließ alle Therapien über mich ergehen.

In dieser Zeit zogen sich alle meine Freunde und Bekannten von mir zurück; sie wussten nicht mehr mit mir umzugehen. Trotzdem schaue ich voll Dankbarkeit zurück, wie mein Sohn Ingo und eine Nachbarin mir in dieser Zeit geholfen und mich ermutigt haben.

Als ich ein halbes Jahr nach meiner Operation wieder an meinen alten Arbeitsplatz zurückkehren wollte, legte man mir nahe zu kündigen – man hielt eine krebskranke Mitarbeiterin für einen zu hohen Kostenfaktor. Ich solle doch die Zeit genießen, die mir noch bleibe, sagte man mir. Dieser Satz zog mich so runter, dass ich verzweifelt nach Hause lief und weinend überlegte, wie ich mir das Leben nehmen könnte.

Während ich verzweifelt am Küchentisch saß, war es, als sagte jemand zu mir: »Kämpf weiter, Christa, ich bin bei dir!« Das gab mir Kraft und Frieden, und ich hatte plötzlich die Gewissheit, dass es einen liebenden Vater im Himmel gibt. Von da an machte ich mich auf die Suche nach ihm.

Nach etwa einem Jahr hatte ich einen Termin beim Zahnarzt. Im Wartezimmer lag eine Bibel aus, ich schlug sie auf und las: *»Wer da bittet, der empfängt; und wer da sucht, der findet; und wer da anklopft, dem wird aufgetan«* (Matthäus 7,8). Dann kam die Sprechstundenhilfe und rief mich auf. Ich legte das Buch weg, aber sie meinte, ich dürfe diese Gideon-Bibel gerne mitnehmen, denn sie bekämen wieder eine neue.

Das war der Wendepunkt in meinem Leben. Ich las und las in dieser Bibel, und drei Monate später lud mich ein Bekannter in eine Gemeinde ein – ich war 25 Jahre nicht in der Kirche gewesen! Ich ging mit, weil es dort eine Bibelstunde gab, wo ich hoffte, mehr über Gott zu erfahren. Dort durfte ich Jesus Christus dann kennenlernen. Ich bekannte ihm meine Sünden, empfing neues Leben von ihm und konnte auf einmal Frieden und Freude in mir spüren. Es war, als hätte man eine Zentnerlast von meinen Schultern genommen.

Das ist jetzt 20 Jahre her, und ich könnte stundenlang von all dem erzählen, was ich in der Zwischenzeit mit Gott erlebt habe – und das alles, weil jemand im Sommer 1988 eine Gideon-Bibel in eine Zahnarzt-Praxis gebracht hat.

Christa Höppner *arbeitete nach der Ausbildung zur Groß- und Außenhandelskauffrau 20 Jahre in der Gastronomie. Seit ca. 20 Jahren ist sie bei einem christlichen Verlag in der Schweiz beschäftigt. Einer ihrer Lieblingsverse ist Johannes 3,16:*
»Denn also hat Gott die Welt geliebt, dass er seinen eingeborenen Sohn gab, damit alle, die an ihn glauben, nicht verloren werden, sondern das ewige Leben haben.« Außerdem auch der Vers aus Psalm 23 »Der HERR ist mein Hirte, mir wird nichts mangeln ...«

Thomas Penzel
Auf der Suche nach dem Sinn

>»Gott, wenn es dich wirklich gibt,
>dann zeig dich mir ...«

Ich wurde 1973 geboren und wuchs in Oberfranken auf, wo mein Leben als Einzelkind einer netten Familie recht unspektakulär verlief. Nach der Schule und einer Ausbildung im Elektrobereich begann ich Bauingenieur zu studieren und vertiefte das schließlich im Fach Architektur. Während dieser an sich schönen und spannenden Zeit verfiel ich in einen merkwürdigen Zustand, eine Art »vorgezogene Midlife-Crisis«. Das mag seltsam klingen, war es jedoch aus meiner damaligen Sicht ganz und gar nicht. Da ich als junger Mensch immer schon auf der Suche nach Spaß und Vergnügen war, hatte ich eine Menge ausprobiert: diverse Beziehungen, Jobs, Wohnorte und allerlei spirituelle Dinge ...

Mein Leben verlief schnell, rasant und immer mit der Sehnsucht nach tiefgreifender Erfüllung. Dann plötzlich, mitten in meinem Studienalltag, traf mich eine Frage wie ein Hammer: »Wozu lebst du eigentlich?« Ich war geschockt! Die Frage bohrte in meinem Kopf, und je länger ich darüber nachdachte, desto schneller kreisten die Gedanken: Ehe, Familie, Studium und Karriere – all die richtigen Antworten fielen mir ein, doch erstaunlicherweise schienen sie mir erschreckend leer und oberflächlich zu sein.

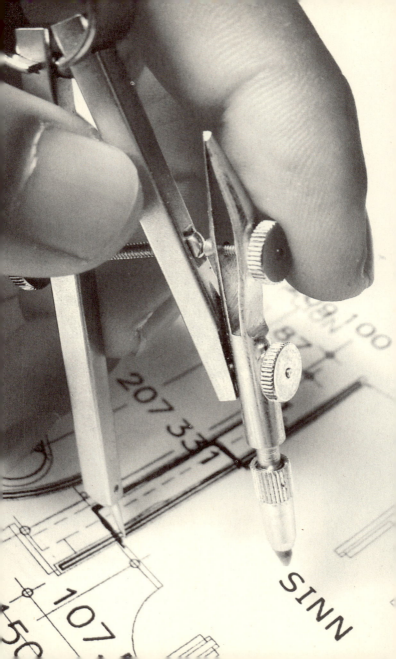

Wozu Familie? Um mich fortzupflanzen, Kinder großzuziehen, Alltag zu leben? All das schien mir aber noch keinen Sinn dafür zu machen, dass der Mensch überhaupt existiert. Auch Auto, Haus und Beruf waren für mich durchaus erstrebenswerte Ziele – aber taugten sie als Lebensinhalt? Ohne Sinn fährt die Depression auch im schicken Cabriolet mit, und durch Hoffnungslosigkeit geraten auch im schönsten Haus die Wände schief.

Ich beschloss, mich auf die Suche nach einem Sinn im Leben zu machen, und forschte noch intensiver in den Bereichen Esoterik, Philosophie und Religion. Schließlich kaufte ich mir ein Buch über die fünf Weltreligionen, brach das Lesen jedoch nach einigen Seiten wieder ab: Religionen unter die Lupe nehmen und mir dann eine davon aussuchen? – Nein, so einfach wollte ich es mir nicht machen!

Ich beschritt einen anderen Weg: Wenn es wirklich einen Gott gibt, dann müsste er auch die Macht haben, sich mir zu offenbaren! So begann ich zu beten: »Gott, wenn es dich wirklich gibt, dann zeig dich mir. Ich möchte dich kennenlernen!« Mein Gebet war einfach und klar. Würde er sich mir wirklich zeigen? Ich betete einige Tage und vergaß mein Anliegen langsam wieder. Doch dann geschahen merkwürdige Dinge: Menschen traten in mein Leben, die mit mir über Jesus Christus sprachen. Christen, die voller Überzeugung von einer lebendigen Beziehung zu Gott erzählten. So etwas von sich zu behaupten, das war die Höhe! Ich traf mich mit ihnen und diskutierte.

Irgendwann in dieser Zeit der Suche fiel mir in meinem Zimmer ein kleines Büchlein in die Hände: Es war eine Taschenbibel der Gideons, die ich 10 bis 15 Jahre zuvor in der Schule erhalten hatte. Ich hatte sie seither nicht gelesen, nicht einmal hineingesehen. Nun hielt ich sie in den Händen und begann, darin zu lesen. Anfangs verstand ich nicht viel. Schließlich las ich die letzte Seite: »Mein Entschluss, Jesus Christus als meinen Erretter anzunehmen ...« Ich dachte kurz nach: Wenn das möglich ist und es mich nichts kostet, dann möchte ich das! Ich holte meinen Kugelschreiber und trug meine Unterschrift ein: Unterzeichnet am 11.12.1994.

***Thomas Penzel** wurde nicht Architekt, sondern schwenkte nach einiger Zeit noch einmal bewusst um. Er absolvierte ein theologisches Studium. Heute steht er fast wöchentlich auf dem Podium und verkündigt jungen und älteren Menschen die frohe Botschaft von Jesus Christus, die sein eigenes Leben verändert und ihm Sinn und Hoffnung gegeben hat.*

Ein Bibelvers, der ihn besonders begleitet, ist aus Johannes 5,24: »Jesus Christus spricht: Wahrlich, wahr-

lich, ich sage euch: Wer mein Wort hört und glaubt dem, der mich gesandt hat, der hat das ewige Leben und kommt nicht in das Gericht, sondern er ist vom Tode zum Leben hindurchgedrungen.«

Waldemar Grab

Traumschiffpianist auf MS Deutschland – und die Welt gesehen

Wenn da nicht die Concord-Flugzeugkatastrophe gewesen wäre ...

Ich war gerade erst in New York (25. Juli 2000) angekommen. Voller Tatendrang und genügend Dollars in der Tasche, wollte ich wieder mal so richtig shoppen gehen, bevor das ZDF-Traumschiff, die MS Deutschland, am Abend zum Empfang der Gäste tuten und ich im Smoking am Flügel die nötige musikalische Atmosphäre schaffen sollte. Doch, weit gefehlt.

Seit Wochen hatten wir geplant, gegen einen Aufpreis von Paris aus mit der von der Reederei gecharterten Concorde zu fliegen. Nach einer zunächst erteilten Zusage der Reederei lagen Ende Juni 2000 jedoch neue Tickets in der Post mit der Mitteilung, dass die geplante Maschine bis auf den letzten Platz voll sei und wir nun mit der Lufthansa fliegen sollten.

Beim Verlassen des Sicherheitsbereiches des NY-Flughafens wurden wir bereits erwartet: Ein halbes Dutzend Kameraleute stürmte auf uns zu, und innerhalb von Sekunden ging ein Tumult los, wie ich ihn selten erlebt habe. Reporter von allen großen, weltweit vertretenen Sendestationen riefen uns Fragen zu, die wir nur zur Hälfte verstanden. Aber eines wurde immer wiederholt: »Was sagen

Sie zum Concorde-Absturz in Paris? Hatten Sie Freunde an Bord? Werden Sie jetzt weiterfahren?«
»Unsere« Concorde war kurz nach dem Start in Paris explodiert. Alle 113 Passagiere und Besatzungsmitglieder kamen ums Leben. Wow!!! Da war ich doch dem Tod tatsächlich von der Schippe gesprungen!

Es war eines der einschneidenden Erlebnisse meines Lebens, so dicht am Tod vorbeizuschlittern. Doch auch wenn es hart klingt, die Show musste weitergehen, und so lief das Schiff einige Tage später aus dem »Hafen der Trauer« aus. An Bord regte sich langsam wieder das muntere und exklusive Leben, das einem 5-Sterne-Dampfer gebührt.

In den folgenden Wochen merkte ich, dass ich mich gedanklich mit Dingen beschäftigte, die vorher nie meine Sache gewesen waren. Wo kommst du her, wo gehst du hin? Gibt's eigentlich einen dialogfähigen Gott, einen, der mit mir redet? Diese und ähnliche Fragen gingen mir immer wieder durch den Kopf. Bei meiner jahrzehntelangen Odyssee durch die verschiedenen Religionen und Ideologien hatte ich nie das Reden Gottes in meinem Leben erfahren. Genau das suchte ich. Egal welcher Gott es war, er sollte endlich reden!

November 2000, Vietnam. Erstaunlich, wie schnell die Zeit Wunden heilen kann. Der Alltag hatte mich wieder, allerdings litt ich seit Monaten an immenser Schlaflosigkeit. Wäre ich bloß in meiner Berliner Wohnung, da könnte ich meditieren und zur Ruhe finden!

Dort hatte ich eine große Buddha-Statue, die Reichtum verschafft, einen indischen Elefanten, der Weisheit, Wohlstand und Hilfe in Not schenkt, und ein Kreuz, das ewiges Leben verspricht – so hoffte ich jedenfalls. Viele Gebetskettchen, eine Handvoll Gerüche verschiedener Räucherstäbchen, ein 70 cm großer Gong – alles Dinge, die ich doch für mein Wohlbefinden brauchte!

Mein Innenleben war durcheinander geraten, ich griff zum Alkohol, rauchte wie ein Schlot und zog mich auf die Kabine zurück, wann es nur ging. Die Bordfilme kannte ich bereits alle auswendig, und Fernsehempfang auf den Meeren ist nicht möglich.

Und dann wurde mein Auge mehrmals auf diese blaue Bibel gelenkt, die ich schon seit Jahrzehnten aus den Hotels dieser Welt kannte: die Gideon-Bibel. Ein Leben lang hab ich sie verschmäht, weggepackt, ignoriert. Ihr Inhalt interessierte mich nicht im Geringsten. Doch diesmal nahm ich sie aus der Schublade und blätterte ein wenig darin. Eigentlich wollte ich ihr in einer äußerst kritischen Grundhaltung begegnen, doch die legte sich rasch. Ich fing mit der Apostelgeschichte an und war schnell davon gepackt. Irgendwie klang das intellektuell und ehrlich, das mochte ich. Nach ein paar Tagen wechselte ich zu den Evangelien. Mich faszinierte das Leben des Jesus von Nazareth: klare Prinzipien, erkennbare Linientreue, sauberes Profil.

Zwei Jahre und einige Erdumrundungen weiter las ich immer noch in der Gideon-Bibel. Viele

Bibelstellen waren mittlerweile in verschiedensten Farben markiert, die Ränder mit Notizen und Querverweisen vollgeschrieben. Und dann stellte Gott mir eine sehr direkte Frage: »Was willst du mir geben, womit du dir deine Seele freikaufen kannst?« Es handelt sich um eine Bibelstelle aus Matthäus 16,26: »*Was hülfe es dem Menschen, wenn er die ganze Welt gewönne und nähme doch Schaden an seiner Seele? Oder was kann der Mensch geben, womit er seine Seele auslöse?*«

Das traf mich. Ein Leben lang war ich bemüht, die Welt zu erobern – was nicht wirklich gelang, immer waren andere vor mir da. Jahrzehntelang versuchte ich, reich und reicher zu werden – was missglückte, denn die Spekulationen, Großzügigkeiten und Unachtsamkeiten hinterließen tiefe Spuren. Und oft redete ich von Liebe und meinte eigentlich nur: »Bleib da, sonst bin ich allein.«

Und nun war das alles in nur einem Satz Jesu wiederzufinden: »Was bringt es dir? Nichts!«

Mir war klar, dass ich etwas tun musste, und so ging ich in dieser Nacht hoch zum Außenpool des Traumschiffs, irgendwo zwischen den australischen Weihnachtsinseln und Thailand. Wir wollten Silvester 2000 zum großen Jahrtausendspektakel in Hongkong sein.

Und dann packte ich im Gespräch mit Gott alles aus, was mich all die Jahre beschäftigt und belastet hatte. Es war ein Dialog, den ich lange vorbereitet hatte – und das, was am Ende dabei rauskam, war ein: »Ich weiß. Ich bin da, ich halte dich, ich vergebe dir, ich bleibe bei dir.« Gott machte mir in dieser Nacht in aller Stille klar, dass er mich einsetzen, mich gebrauchen möchte. Wie, wann und wo, das erkannte ich noch nicht.

***Waldemar Grab** (50) spielte für den berühmten Musiker André Rieu, mit Showmaster Peter Alexander und Swinglegenden Paul Kuhn, Helmut Zacharias und vielen kleinen und großen Schlagerstars. Der mehrfache Buchautor führte ein exotisches Leben voller Eindrücke und Erlebnisse, ein Leben zwischen Luxus, Kaviar und Lachsschnittchen. Er stieg im Dezember 2004 vom ZDF-Traumschiff und aus dem (bisherigen) Leben aus, besuchte mehrere theologische Ausbildungsstätten und ist heute als Musikevangelist und Prediger unterwegs. Seit 2006 ist er Direktor des Missions- und Sozialwerkes »Hoffnungsträger e.V.«, Autoreninfo: www.musikevangelist.de*

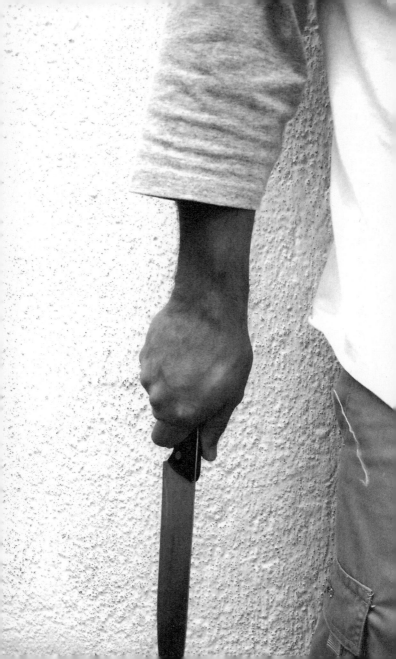

Walter Klaber

Drogen, Raubüberfälle und keine Perspektive

»In meinem Leben gab es noch nie etwas umsonst«

Mein Name ist Walter Klaber. Ich wurde am 22. Oktober 1960 in München geboren und bin dort aufgewachsen. In der Schule lief's nicht gut, und zu Hause erfuhr ich keine echte Liebe. Durch meinen größeren Bruder bekam ich früh Kontakt zu älteren Jugendlichen, die dieselbe Ziellosigkeit und Leere fühlten wie ich. Wir fingen ziemlich früh an zu trinken und stiegen bald auf Drogen um – ich wurde total abhängig von Heroin. Ich war ein richtiger Junkie und konnte ohne den Stoff nicht mehr leben. Um an Geld zu kommen, verkaufte ich alles, was ich hatte. Ich fing an zu stehlen und beging am Ende aus Verzweiflung zwei Raubüberfälle. Mein Leben war kaputt und ohne Hoffnung; ich trug mich mit Selbstmordgedanken. Nachdem ich schließlich erwischt und verhaftet worden war, verbrachte ich vier Jahre im Gefängnis. Dort hatte ich viel Zeit zum Nachdenken, fand jedoch keine bessere Perspektive.

Nach meiner Entlassung erlebte ich einen kurzen Rückfall in die Drogen, war aber nicht mehr abhängig. Ich war zu kraftlos, um ein neues Leben anzufangen. Wenn ich in den Spiegel sah, ekelte ich mich selbst an.

Eines Tages besuchte ich eine Bekannte aus meinem früheren Freundeskreis, die sich mittlerweile zu Jesus Christus bekehrt hatte. Ich war beeindruckt, als ich ihre Wohnung betrat. Es hatte sich einiges verändert, überall hingen Poster mit Bibelsprüchen. Zuerst konnte ich nichts damit anfangen, doch dann erzählte sie mir von Jesus: dass er gekommen sei, um Sünder zu suchen und ihnen Vergebung anzubieten.

Ich wollte mehr darüber erfahren, war sehr interessiert an der Bibel – ich hatte selbst keine – und redete noch lange mit ihr. Sie lud mich zu einem Hauskreis ein, wo ein Mann über das Gleichnis vom verlorenen Sohn (Lukas 15) sprach und sagte, dass jeder zu Gott kommen dürfe – das bewegte mich tief. Mir musste niemand sagen, dass ich ein Sünder war; ich wusste es. Dort bekam ich auch eine Gideon-Bibel geschenkt.

Jetzt hatte ich meine eigene Bibel und begann zu lesen. Ich fing mit der Offenbarung an, weil mich die Zukunft schon immer interessierte. Zuerst verstand ich gar nichts, nur dass ein absolut schreckliches Gericht über diese Erde und die Menschen kommen wird, die sich von Gott abgewendet haben – zu diesen Menschen gehörte ich.

Ich war vollkommen verzweifelt, doch dann las ich: »*Und der Geist und die Braut sprechen: Komm!*« (Offenbarung 22,17). Ich wusste zwar weder, wer der Geist und wer die Braut waren, aber die Aufforderung »Komm!« verstand ich. »*Und wer da will, der nehme das Wasser des Lebens umsonst.*« In meinem Leben hatte ich nie etwas umsonst bekommen, immer musste ich etwas dafür geben – doch das hier nahm ich kostenlos, es wurde mir geschenkt.

Ich faltete meine Hände und betete: »Herr Jesus, wenn es dich gibt – und ich glaube, dass es dich gibt, denn kein Menschenhirn kann das erfinden, was in diesem Buch steht –, dann vergib mir jetzt bitte alle meine Sünden, alle meine schrecklichen Taten, alles, was ich in meinem Leben verbrochen habe. Es gibt kein Gebot, gegen das ich nicht verstoßen hätte, aber hilf mir jetzt einfach heraus.«

Ich spürte Gottes Vergebung jetzt regelrecht und hatte die Gewissheit, von ihm angenommen zu sein. Jesus Christus hat mich dann Schritt für Schritt in die Freiheit geführt und mir ein vollkommen neues Leben geschenkt. Ich habe selbst erlebt, was es bedeutet: »*Darum: Ist jemand in Christus, so ist er eine neue Kreatur; das Alte ist vergangen, siehe, Neues ist geworden*« (2. Korinther 5,17).

Walter Klaber *ist seit über 20 Jahren Lagerist einer internationalen Firma in München. Seine geistliche Heimat ist die Brüdergemeinde, der er sich verbunden fühlt. Seine Lebensverse sind* »*Wer kann merken, wie oft er fehlet? Verzeihe mir die verborgenen Sünden!*« *(Psalm 19,13) und:* »*In deine Hände befehle ich meinen Geist; du hast mich erlöst, HERR, du treuer Gott*« *(Psalm 31,6).*

Enrico und Franziska Döring
»Dort wohnt Gott drin!«
»Zu Hause suchten wir die kleine grüne Gideon-Bibel«

Ein schöner Herbstsonntag im Jahr 2003 veränderte unser Leben. Wir waren gerade erst umgezogen in eine Wohnung mit direktem Blick auf die beiden Türme der Christuskirche in Dresden-Strehlen. Imposant und gewaltig schauten sie in unser Wohnzimmer hinein. Des Öfteren fragte unsere damals drei Jahre alte Tochter nach der Kirche und wer dort wohne. Unsere spontane Antwort lautete: »Dort wohnt Gott drin.« Die Kleine wollte natürlich wissen, wer Gott ist und wie es in der Kirche aussieht. Wir waren atheistisch erzogen und hatten die gängigen Vorurteile gegen den »Verein Kirche«, so dass wir uns diesem Thema nur sehr vorsichtig und zaghaft näherten. Aber wir bemerkten auch seit einiger Zeit ein Rumoren in uns, ein inneres Auflehnen gegen den materialistischen und schnelllebigen Zeitgeist. Wir wussten nicht, was wir dagegen machen sollten, und waren gefangen im Strudel aus Konsum, Karriere und gesellschaftlichen Zwängen.

An diesem Herbstsonntag gingen wir mit unserer Tochter spazieren. Unser Weg zum Park führte an dem Haus einer anderen christlichen Gemeinde vorbei. Diese Menschen faszinierten uns, sie machten einen so zufriedenen Eindruck und gingen mit ihren

Kindern froh zum Gottesdienst. Sie wirkten irgendwie glücklich und »angekommen«.

Zu Hause suchte meine Frau dieses kleine grüne Buch mit den dünnen Seiten, das sie schon einige Jahre besaß. Die Gideon-Bibel hatte sie 1992 in ihrer Schule geschenkt bekommen. Obwohl wir beide mit diesem Taschenbuch nicht viel anzufangen wussten, war es uns nie in den Sinn gekommen es wegzuwerfen. Meine Frau sagte immer, dieses Buch sei ihr irgendwie heilig, darum hatte sie es auch immer bei sich. Wir wagten jetzt erste zaghafte Leseversuche.

Am ersten Adventssonntag besuchten wir gemeinsam mit unserer Tochter einen Gottesdienst in der evangelischen Christusgemeinde. Als die Posaunen anfingen zu spielen und dazu die Orgel erklang, waren wir so ergriffen, dass wir Tränen in den Augen hatten. In diesem Moment wussten wir, dass sich unser Leben von nun an radikal ändern würde. Wir besuchten nahezu jeden Gottesdienst und lasen zu Hause die Predigttexte in der Gideon-Bibel nach. Kurz darauf wurden wir von unserem Pfarrer zu einem Hauskreis eingeladen, wo wir all die vielen Fragen stellen konnten, die uns bewegten. Ein Jahr später ließen wir uns alle taufen. Die Familientaufe war auch für die Gemeinde ein besonderes Ereignis. Wir wurden herzlich aufgenommen. Seitdem wachsen wir täglich im Glauben und können es noch immer kaum begreifen, wie sehr dieser Schritt unser Leben verändert hat.

Heute wissen wir, dass Gott mit der Gideon-Bibel schon damals, im Jahr 1992, an unsere Tür geklopft hat. Wir danken ihm dafür, dass er unsere Herzen für die Botschaft des Evangeliums geöffnet hat und dass wir in der Nachfolge Jesu ein erfülltes und glückliches christliches Leben führen dürfen.

***Enrico und Franziska Döring** haben drei heranwachsende Kinder und sind aktive Mitglieder in ihrer Landeskirche in Dresden.*

nen: und sprac
*Also ist's

DAS EVA

Wort → Fleisch,

KAPITEL 1

Anfang
, und

Wilfried Römischer
Die zerlesene Gideon-Bibel
»Oft weinte ich in dieses Buch hinein«

Meine kleine »Gideon-Bibel« bekam ich von meinem ehemaligen Jungscharleiter 1976 geschenkt; ich war 16 Jahre alt. Seinerzeit waren die Ausgaben für Schüler leuchtend rot. Die Farbe hatte mich gleich begeistert. Und weil die Bibeln auch noch handlich klein waren, steckte ich mir meine in die linke hintere Hosentasche, wo ich sie während der nächsten 20 Jahre im Grunde ständig bei mir trug.

In dieser ersten Zeit mit meiner Hosentaschen-Bibel hatte ich sie wieder einmal in der Hand, las darin und sagte zu Gott: »Herr, was möchtest du mir hier sagen?« Mit meinen Gedanken aber begann ich abzuschweifen und war immer wieder bei dem Bücherregal hinter mir. Ich versuchte, mich neu zu konzentrieren, wurde aber wieder mit den Gedanken an mein Bücherregal abgelenkt, bis ich aufstand, mir ein Buch aus dem Regal nahm und … ausgerechnet das hatte ich herausgezogen. Es gehörte mir nicht. Ich hatte es nur „geliehen", dachte inzwischen aber: Der braucht es bestimmt nicht mehr, sonst hätte er sich schon gemeldet, und außerdem kann ich es ganz gut brauchen. – Aber in dem Moment war mir klar, dass ich das Buch zurückgeben musste. Später erst brachte ich diese Entdeckung mit meinem Gebet beim Bibellesen (»Herr, was möchtest du mir sagen?«) in

Verbindung und musste schmunzeln über die Art, wie Gott manchmal redet. – Es gibt Situationen, da ist Gottes Wort wie Feuer. Dann kann man es nicht als sanftes Ruhekissen verwenden und sich ausruhen. Es lässt uns aufspringen und setzt in Bewegung.

Ein Buch zu haben, ist eine Sache, darin zu lesen, wieder etwas anderes. Unser ehemaliger Jungscharleiter hatte mit uns einen Jugendkreis gegründet. Wir sangen viel miteinander, und jedes Mal, wenn wir uns trafen, lasen wir gemeinsam in der Bibel; die hatte ich ja, zumindest in Form der Taschenbibel, immer bei mir. Das gemeinsame Lesen und das Gespräch darüber machten mir Mut, auch für mich zu Hause in der Bibel zu lesen. Ein Bibelleseplan unterstützte mich dabei.

Ich kann mich noch gut erinnern, wie die »Lust zur Bibel« immer wieder abgeflaut ist. Seltsamerweise stand gerade in solchen Zeiten auf einmal unser Jugendkreisleiter (selbst gerade mal 20 Jahre alt) vor der Tür, kam auf einen Sprung vorbei und fragte, wie es mir ginge. Dann fragte er auch: »Hast du heute schon deinen Bibelabschnitt gelesen?« Oft saßen wir zusammen. Er hatte *seine* kleine rote Gideon-Bibel vor sich und ich *meine*. Wir lasen gemeinsam, und er lies mich teilhaben an dem, was er beim Lesen entdeckt hatte, und machte mir Mut, ihm auch von meinen kleinen Entdeckungen zu erzählen.

1977 fuhr ich gemeinsam mit Freunden zu einer Bibelfreizeit in das Kiental in die Schweiz. Diese zwei Wochen waren für mich der entscheidende

Anstoß auf meinem Weg mit Gott. In der Zeit vorher hatte ich manchmal den Eindruck, als ob mein Beten gerade mal bis zur Zimmerdecke ginge und daran abprallte. Damals packte ich zum ersten Mal aus. Ich wusste um konkrete Schuld und um Versagen in meinem Leben. In einem Gespräch mit einem anderen Christen redete ich mir das alles von der Seele und bat Gott um Vergebung. Der Leiter der Freizeit betete mit mir, segnete mich und sprach mir die Vergebung Gottes persönlich zu. Das war für mich die Erfahrung eines Durchbruchs und ein großes Aufatmen.

Damals trug ich hinten auf der letzten Seite meiner kleinen Gideon-Bibel meinen Namen ein und den Vermerk: »1977 Kiental (Schweiz)«, zur Erinnerung daran, dass ich hier Gottes Reden ganz deutlich erlebt hatte.

Wie oft hat Gott diese kleine Gideon-Bibel benutzt, um mir zu begegnen. Wie eine Membran hat er diese Seiten mit den gedruckten Worten angerührt und zum Klingen gebracht, so dass sie mir zum lebendigen Wort Gottes geworden sind.

Als ich zum Glauben an Jesus gekommen war, verbesserte sich meine Beziehung zu meinem Stiefvater überhaupt nicht. Manchmal hatte ich sogar den Eindruck, alles sei nur noch schlimmer geworden; denn jetzt war auch noch der Spott gegen meinen Glauben an Gott dazu gekommen. Oft kniete ich vor meinem Bett, meine kleine Gideon-Bibel vor mir und weinte in dieses Buch hinein, erschrocken darüber, dass in mir so viel Hass gegen meinen Stiefvater war, wo Jesus doch auch für ihn aus Liebe sein Leben gegeben hatte. Damals war mein ständiges Gebet: »Vater, im Himmel, ich kann ihn nicht lieben. Liebe du ihn durch mich hindurch. Lass mich ein Kanal sein für deine Liebe«! – Im Rückblick weiß ich heute, dass Gottes Wirken gerade darin bestand, dass er mich in der Abhängigkeit zu sich hielt: Immer wieder kniete ich da mit meiner kleinen Bibel und klopfte hilflos mit leeren Händen bei Gott im Gebet an.

Manchmal hielt ich dieses kleine Buch wie einen kostbaren Schatz in meinen Händen, ganz vorsichtig Seite für Seite umblätternd, in dem Staunen darüber, dass ausgerechnet ich würdig sein sollte, von Gott geliebt und angesprochen zu werden.

Als es um die Frage ging, welchen Beruf ich lernen sollte, war mir meine Gideon-Bibel mit den Psalmen und Sprüchen ein guter Begleiter. Ich stolperte mehrfach über Psalm 32, Vers 8. Da sagt Gott: *»Ich will dich unterweisen und dir den Weg zeigen, den du gehen sollst; ich will dich mit meinen Augen leiten.«* Über lange Zeit legte ich meinen Finger auf diese Stelle und sagte: »Herr, du hast es versprochen. Ich will dir vertrauen.«

Natürlich fragte ich, wo meine »Gaben« liegen, was mir gute Freunde raten. Schließlich gab es keine Stimme vom Himmel, die mir deutlich gesagt hätte: »Da geht's lang!« Aber ich ging auf Gottes Versprechen hin los und fing an, Theologie zu studieren, und Schritt für Schritt bestätigte Gott diesen Weg für mich.

Nun bin ich seit 20 Jahren Pfarrer in der evangelisch-lutherischen Kirche in Bayern. Meine kleine Gideon-Bibel war nach gut 20 Jahren leicht »zerfleddert« und »zerlesen«. Sie hat inzwischen ihren Platz bei einigen Schätzen in meinem Bücherregal. An ihrer Stelle trage ich das »Nachfolge-Modell« in der linken hinteren Hosentasche. Die Neuausgabe ist leider nicht mehr rot, aber immer noch handlich klein und vor allem: Ihr Inhalt ist nach wie vor »feurig«. Feuer wärmt und es lässt einen aufspringen und setzt in Bewegung – sollte man sich's darauf all zu bequem machen wollen.

Wilfried Römischer *ist Jahrgang 1961 und wuchs in Bayern auf. Er war begeistertes Mitglied in der Jungschargruppe und ebenso später im Jugendkreis. Nach dem Abitur studierte er Theologie und heiratete seine Frau Dorothea. Als Pfarrer war er in verschiedenen Kirchengemeinden tätig und übt seinen Dienst nun in Schnaittach, Nürnberger Land, aus.*

Dr. med. Annemarie Poppinga
Getröstet über allem Schmerz
Der Tag, an dem mein Sohn nicht mehr zurückkam

Mein nun schon verstorbener Mann und ich waren als Ärzte für Allgemeinmedizin auf dem Land tätig. Wir hatten drei Kinder im Alter von 10, 8 und 7 Jahren – zwei Mädchen und einen Jungen –, als wir noch einmal ein Baby erwarteten. Die Freude war bei allen groß, und sie nahm noch zu, als es ein kleiner Junge war.

Eine Thrombose im linken Bein verlängerte meinen Krankenhausaufenthalt und die Schonzeit danach, was für alle Kinder und für mich ungewöhnlich erfreulich war. Wir genossen das Baby und das familiäre Beisammensein als außergewöhnliches Geschenk. Durch verschiedene Umstände konnte ich dem Jüngsten jetzt viel mehr Zeit widmen, als ich für seine Geschwister übrig hatte. Dadurch entwickelte sich ein inniges Verhältnis zu ihm.

Ich ging oft und gern mit ihm zur Kirche, und wir führten auch viele Gespräche über den Glauben, so dass ich ihn auf dem guten Weg wusste – aber wie weit auch nach der Konfirmation in ihm noch Glaubensfestigkeit vorhanden war, das wusste ich nicht. Durch seinen älteren Bruder und Lehrer an der Schule war er auch mit kommunistischem Gedankengut in Berührung gekommen.

Im letzten Sommer seines Lebens, er war 16 Jahre alt, lud ihn seine ältere Schwester ein, sie in Griechenland auf der Insel Naxos zu besuchen, wo sie als Archäologiestudentin mit Restaurationsarbeiten an alten Gefäßen beschäftigt war. Es war das erste Mal, dass unser Jüngster ohne uns auf Reisen gehen wollte. Aber seine Geschwister meinten schon lange, er würde noch viel zu sehr an Mutters Rockzipfel hängen und er müsse nun auch einmal selbst etwas wagen! Als er meinem Mann und mir mit der Bitte um Erlaubnis gegenüberstand, wussten wir beide: Er würde fahren, ganz gleich, wie wir uns entschieden!

Zusammen mit einem etwas älteren Freund machte er sich per Anhalter auf die Reise. Es machte ihnen viel Spaß; Griechenland begeisterte sie: der Isthmus von Korinth, Athen, die Ägäis ... Müde von der nächtlichen Schiffsfahrt kamen sie auf Naxos an. Sie holten zwischen den Dünen noch etwas Nachtschlaf nach und trafen dann einen deutschen Touristen, der sie mit seinem Auto zu ihrem Zielort fuhr. Dieser Mann sprach zu ihnen erstaunlich viel von Jesus.

Nach dem freudestrahlenden Wiedersehen mit der Schwester machten sich die beiden Jungen auf, um die Umgebung zu erforschen. Bald entdeckten sie eine kleine Insel in der Nähe und entschlossen sich, dorthin eben einmal hinüber zu schwimmen. Sie hatten jedoch die Entfernung unterschätzt und kamen nicht nach 10, sondern erst nach 40 Minuten an. Erschöpft lagen sie am Strand und beschlossen nach einer halben Stunde wieder aufzubrechen, damit sich ihre Gastgeberin keine Sorgen machte. Unser Sohn schlug vor, getrennt zurückzuschwimmen, er wollte die kürzeste Strecke nehmen. Sein Begleiter wählte die alte Strecke, weil dort am Strand die Badesachen lagen. Der Freund kam total erschöpft an Land an und ruhte sich erst eine Weile aus, ehe er bei unserer Tochter erschien. Sie warteten, aber der Bruder kam nicht. Es wurde spät; sie machten ein Feuer und benachrichtigten die Küstenwacht. Man fand ihn nicht. Nach Verlauf einer Woche wurde er am Ufer einer anderen Insel angeschwemmt. Es dauerte danach noch 10 Tage, bis wir ihn auf unserem Friedhof beerdigen konnten. Die Kirche war voll.

Zu allem Schmerz und aller Trauer um den geliebten Jüngsten kam die Ungewissheit: Wohin war seine Seele gegangen? War er verloren – war er errettet? Etwa ein Jahr später fand ich seine rote Gideon-Bibel. Ich schlug sie von hinten auf, und – mir liefen die Tränen – dort stand, von seiner Hand geschrieben, seine Lebensübergabe an den Herrn Jesus mit Datum und Unterschrift. Man kann sich vorstellen, was diese Entdeckung für mich bedeutete. Nun bin ich getröstet über allem Schmerz. Unser Kind ist bei unserem Herrn, was für ein Trost!

*Nach einem langen Berufsleben als Ärztin ist **Dr. Annemarie Poppinga** im Ruhestand. Sie hat nach sieben Jahren Witwenzeit noch einmal geheiratet. In diesem Jahr vollendet sie ihr 90. Lebensjahr und ist noch relativ aktiv in einer freien evangelischen Gemeinde. Der Bibelvers aus Apostelgeschichte 16,31 »Glaube an den Herrn Jesus, so wirst du und dein Haus selig!« ist ihr Lieblingsvers.*

Dieter Walz

»Fliegen Sie gerne?«

Eine Frage, die alles veränderte

Als Exportleiter in einem Stuttgarter Unternehmen flog ich im Jahr 1999 mit einem neuen Geschäftsführer der Firma nach Nordamerika. Während eines abendlichen Flugs von Toronto/Kanada nach Pittsburgh/USA fragte mich mein Kollege, ob ich gerne fliege. Nicht so sehr gern, war meine Antwort, denn fliegen könne ich, wie Auto fahren, leider nicht selbst. Natürlich war ich in meinem Beruf sehr viel mit dem Flugzeug unterwegs, und ich fragte zurück, ob er gerne fliege. Mit fester Stimme bejahte er, und fügte hinzu, er fühle sich geborgen in seinem Herrn Jesus Christus. *Was ist denn das für einer?*, dachte ich so für mich. Auch sprach er davon, dass er ein wiedergeborener Christ sei; ich wusste gar nicht, was er damit meinte.

Ich bin auf den Fildern bei Stuttgart geboren, evangelisch getauft und konfirmiert. Als Kind ging ich auf sanften Druck meiner Mutter in die Kinderstunde, und bis zu meiner Konfirmation besuchte ich regelmäßig den Gottesdienst. Danach traten Sport und später der Beruf in den Vordergrund, und so wurde ich im Laufe meines Lebens zu einem typischen Feiertagschristen. Ostern und Weihnachten waren so meine Kirchgangtermine, meist mit Frau und Tochter.

Aber dieser gläubige Kollege hatte mich auf dem kurzen abendlichen Flug durch sein großes Bibelwissen beeindruckt und zum Nachdenken über meinen christlichen Glauben angeregt. Noch oft redeten wir während dieser Geschäftsreise über die Bibel und das Evangelium. Als ich acht Tage später nach Hause kam, holte ich aus dem Bücherschrank eine von den vier Bibeln heraus, die wir zwar besaßen, aber nicht lasen. Ich schlug die Bibelstellen auf, die ich mir während der Reise notiert hatte.

Ganz neu entdeckte ich, wie faszinierend die Bibeltexte sind, und ich erinnerte mich an die biblischen Geschichten aus der Kindheit. Jetzt besuchte ich wieder regelmäßig den Gottesdienst, weil ich einfach mehr über Jesus Christus und die Bibel erfahren wollte. Ich war 58 Jahre alt, blickte auf einen großen Teil meines Lebens zurück und dachte darüber nach. Durch das regelmäßige Lesen der Bibel wurde ich dazu angeregt.

Durch den Glauben bekam ich ein sehr gutes Verhältnis zu meinem Chef und Kollegen. Er lud mich zu Vortragsabenden christlicher Geschäftsleute ein, wo ich Kontakte zu anderen Christen knüpfte und in einen Hauskreis eingeladen wurde. Dort schenkte mir jemand eine kleine Taschenbibel der Gideons.

Im folgenden Jahr machte ich allein eine Woche Radurlaub im Altmühltal. Die kleine Gideon-Bibel nahm ich mit und steckte sie in die Gepäcktasche des Fahrrads. An einem schönen Platz in freier Natur setzte ich mich zur Mittagszeit ins Gras, um etwas zu essen. Ich nahm die Gideon-Bibel und begann zu lesen. Nach etwa einer halben Stunde schlug ich die letzte Seite auf und entdeckte verschiedene Bibelstellen und das Angebot, seine Sünden zu bekennen und Jesus Christus als seinen Erretter anzunehmen. Das tat ich auch und bekräftigte meine Entscheidung mit meiner Unterschrift und dem Datum in dieser Bibel. Seitdem lebe ich mit meinem Herrn Jesus Christus als meinem ständigen Begleiter.

Im Jahr 2002 trat ich nach 45 Jahren Tätigkeit in der Firma mit 61 Jahren in den Ruhestand.

*Seit 2004 ist **Dieter Walz** Mitglied im Internationalen Gideonbund und verteilt gerne die Gideon-Bibeln. Ihm bereitet das große Freude, da er selbst die lebensverändernde Erfahrung mit dieser kleinen Bibel gemacht hat.*

Friedrich Kurz
Reich – berühmt – erfolgreich … und innerlich leer
Der Musical Mann

Ich habe ein buntes Leben hinter mir. Aufgewachsen in der Nähe von Stuttgart und autoritär erzogen, erinnere ich mich noch gut daran, wie ich als Kind in der Bank einer Methodistenkirche saß und so gut wie jeden Sonntag meinem Onkel lauschte, der Prediger war. Als frustrierter Jugendlicher entwickelte ich mich dann immer mehr zum Rebellen.

Während der sechziger Jahre zog ich in die USA, um dort zunächst in Philadelphia und nach einem Jahr in Toronto, Kanada, Profi-Fußball zu spielen. In den Wintermonaten arbeitete ich als Skilehrer und war sogar Teamleiter der amerikanischen Mannschaft bei den Olympischen Spielen 1972 in München.

Wieder zurück in Deutschland wechselte ich als Makler an die Metallbörse und konnte dort den Grundstein für ein Vermögen legen. Nach zwei Jahren war ich so weit, dass ich für den Rest meines Lebens nicht mehr zu arbeiten brauchte. Also reiste ich in die USA, um einen alten Freund zu besuchen, der zusammen mit dem Musikproduzenten Andrew Lloyd Webber eine Firma besaß. Nun ergab sich alles nach und nach.

Die Zusammenarbeit mit Andrew Lloyd Webber wuchs schnell und umfassend. Ich produzierte jahrelang eine Anzahl größerer Musicals in Deutschland, brachte *Cats*, *Das Phantom der Oper* und *Starlight Express* in Hamburg und Bochum auf die Bühne, was mich zu Reichtum und Berühmtheit gelangen ließ. Für Andrew Lloyd Webbers Musical *Starlight Express*, das mit 11 Millionen Besuchern das erfolgreichste Musical der Welt ist, baute ich in Deutschland sogar ein eigenes Theater.

Als ich im Jahr 2004 eine Lebenskrise durchmachte, fuhr ich kurzentschlossen mit dem Zug nach Trelleborg, Schweden. Dort sollte mein Leben eine völlig neue Richtung bekommen. Müde von der Fahrt legte ich mich sofort aufs Bett und las ein wenig in der Hotelbibel, und da passierte Folgendes: Mein gesamtes bisheriges Leben lief vor meinen Augen wie auf einer Leinwand ab, und ich sah, in welcher verdorbenen intriganten Welt, die sich *Show Business* nannte, ich lebte.

Als ich wieder zu mir kam, lag die geöffnete Gideon-Bibel aus dem Hotelzimmer auf meiner Brust; ich nahm sie zur Hand, und mein Blick fiel auf 2. Timotheus 1,7: *»Denn Gott hat uns nicht gegeben den Geist der Furcht, sondern der Kraft und der Liebe und der Besonnenheit.«* Augenblicklich stand ich auf und rief einen Mann in Berlin an, der mir fünf Jahre zuvor von seinem lebendigen Glauben erzählt hatte. Ich hatte zwar Bedenken, dass er sich nicht mehr an mich erinnern würde, aber er kannte mich noch, und ich bat ihn, mich zu taufen. Ich wusste zwar nicht, was die Taufe bedeutet, aber in der Bibel hatte ich die Aufforderung dazu gelesen. Ich kehrte nach Berlin zurück, übergab mein Leben dem Herrn Jesus und ließ mich taufen.

Heute gibt es nichts mehr von meinem früheren Leben und meiner Karriere; meine Familie, mein Fortschritt und meine wirtschaftlichen Erfolge bestehen nicht mehr. Ich lebe jetzt ein anderes Leben, habe mich den Gideons angeschlossen und arbeite für den Herrn. Zurzeit wirke ich daran mit, ein Musical auf die Bühne zu bringen, das die Größe und Herrlichkeit Gottes besingt. Ich hoffe, dass dieses Projekt dazu beiträgt, den Herrn bekannt zu machen, so wie ich ihn selbst erfahren habe.

*Nun plant **Friedrich Kurz** in Dresden ein neues Musiktheater mit über 3000 Plätzen zu bauen. Eintrittskarten zu 12 Euro! Dadurch will Kurz vor allen Dingen Jugendliche ins Theater bringen. Sein neues Musical wird über den großartigen Künstler der italienischen Hochrenaissance Michelangelo Buonarroti sein, der sich selbst als Werkzeug Gottes gesehen hat. Der Schlusschor des Werkes lautet: Ewiger Schöpfer erleuchte die Welt!*

Matthias Fengler
Auf der Suche nach Freiheit
Die späte Reue eines Bankräubers

Mein Abenteuer mit Jesus begann vor neun Jahren. Ich war damals 34 Jahre alt, davon die letzten beiden obdachlos. Mein Besitz bestand aus einem gestohlenen Schlafsack und der Kleidung, die ich am Körper trug. Im Sommer wie im Winter lebte ich im Freien und schlief in einem Zelt im Wald oder auf Parkbänken im Botanischen Garten. Geld für Essen und Drogen erbettelte ich mir in der Innenstadt. Ich hatte jeden Kontakt zu meiner Familie abgebrochen, hatte keine Freunde und redete wochenlang mit niemandem. Ich lebte wie in einem Gefängnis, und mir fehlte der Schlüssel nach draußen, aber mein Leben war von einer starken Sehnsucht nach Freiheit geprägt.

Schon früh hatte ich die kleinbürgerlichen Verhältnisse, in denen ich aufwuchs, als eng und bedrückend erlebt und empfand es als Befreiung, ein ganz anderes Leben in linksautonomen Kreisen kennenzulernen. Anarchistische Lebensmodelle, Kampf gegen staatliche Institutionen und gewalttätige Demonstrationen wurden zu meinem Lebensinhalt. Ich lebte in dieser Zeit von BAföG und Gelegenheitsjobs. Als die BAföG-Zahlungen eingestellt wurden, stand ich vor der Wahl, Sozialhilfe zu beantragen, mir einen Job zu suchen oder illegal Geld zu beschaffen, um meinen Lebensunterhalt zu bestreiten. Bestärkt durch meine politischen Ansichten entschied ich mich für die letzte Variante und überfiel eine Sparkasse. Ich raubte etwa 65.000 DM, wovon ich die nächsten Jahre lebte.

Enttäuscht davon, dass viele meiner Freunde und Bekannten ein bürgerliches Leben begonnen hatten, reiste ich durch Europa und Nordafrika auf der Suche nach Freiheit. Zurück in Deutschland konnte ich meine Wohnung noch einige Monate bezahlen und wurde dann obdachlos.

Im zweiten Winter meiner Obdachlosigkeit, körperlich und psychisch am Ende, fand ich auf einer Bank in der Einkaufspassage in Bielefeld eine Taschenbibel von den Gideons. Ich las die Berichte über Jesus und lernte die wichtigste Person in der Weltgeschichte aller Zeiten kennen: Gottes Sohn. Je mehr ich las, umso deutlicher wurde mein Problem: Ich lebte in absoluter Trennung von Gott. Erstaunt stellte ich fest, dass er ein Interesse an mir hat und in Beziehung zu mir treten will.

In einer Nacht, in der ich vor Kälte nicht einschlafen konnte, fing ich an, mit Gott zu reden, und bat ihn um Hilfe in meiner ausweglosen Situation. Ich erlebte in den folgenden Stunden, dass mein gesamtes Leben vor meinem inneren Auge vorbeizog. Szenen, die ich längst vergessen hatte, waren klar in meinem Bewusstsein. Gott machte Licht in meinem inneren Gefängnis und zeigte mir, was für ein Mensch ich war: in Schuld und Sünde gebunden und verletzt. Dann dachte ich an Jesus am Kreuz, und Gott gab mir zu verstehen, dass er dort meine Schuld, Sünde und Gebundenheit getragen hat und dafür gestorben ist. Gott hatte mir den Schlüssel aus meinem Gefängnis gezeigt: Jesus, seinen Sohn.

Ich bat Gott um Vergebung für mein bisheriges Leben und gab dieses alte Leben in den Tod, wo es mit Jesus am Kreuz starb. Und so, wie Jesus nach seiner Kreuzigung am dritten Tage auferstanden ist, so wurde ich von Neuem geboren. Eine schwere, unsichtbare Last fiel von mir, und gleichzeitig wurde ich mit einer Freude erfüllt, wie ich sie zuvor nie erlebt hatte. Seit dieser Nacht bin ich verändert; ich weiß, ich bin ein Kind Gottes und erlebe seine Vaterliebe und Führung jeden Tag.

Ein innerer Heilungsprozess begann, und ich lernte, den Menschen zu vergeben, die mich verletzt hatten. Gleichzeitig begann ich, Menschen um Vergebung zu bitten, denen ich geschadet hatte und die von mir verletzt worden waren. Ich nahm wieder Kontakt zu meiner Familie auf, die jahrelang nicht wusste, ob ich noch lebte. Zu dieser Zeit lernte ich auch meine Frau kennen und gründete selbst eine Familie; wir haben inzwischen vier Kinder. Als Hausmeister in einem CVJM-Heim begann ich, für meinen Lebensunterhalt zu sorgen. Ich stellte mich der Polizei und wurde zu zwei Jahren Gefängnis auf drei Jahre Bewährung verurteilt.

Ich habe erlebt, was in der Bibel steht: Jesus ist der Weg zum lebendigen Gott. Er ist die Wahrheit, die jede Lüge offenbar macht, und er ist das Leben, das den Tod besiegt (Johannes 14,6): »*Jesus spricht zu ihm: Ich bin der Weg und die Wahrheit und das Leben; niemand kommt zum Vater denn durch mich.*«

*Heute ist **Matthias Fengler** Betreuer in einem Behindertenwohnheim und Leiter einer freien Gemeinde in Bielefeld. Er ist verheiratet und hat vier Kinder.*

Günther Tietz

»Ich schäme mich des Evangeliums nicht«

Gottes Wege sind wunderbar

Im Jahr 1953 wurde ich in der DDR als drittes Kind meiner Eltern geboren und bald schon evangelisch-lutherisch getauft. Meine Mutter war Hausangestellte und mein Vater Konditormeister.

Als mein jüngster Bruder auf die Welt kam, verließ unser Vater die Familie, und unsere Mutter zog uns vier Kinder allein groß. Die Kraft dazu bekam sie aus ihrem Glauben an Jesus Christus.

Ich wurde konfirmiert, ohne wirklich die Bedeutung davon verstanden zu haben, und mit meinem Konfirmationsspruch konnte ich damals noch nichts anfangen. Alles in allem war ich ein ruhiger und eher schüchterner Junge und wohl ein schlechter Konfirmand.

Mit der Zeit verblasste meine Beziehung zu Gott und zur Kirche, und ich erinnerte mich nur an ihn, wenn ich seine Hilfe brauchte. Rückblickend kann ich aber heute sagen, dass Gott mich trotzdem wunderbar geführt hat.

Der Glaube an Gott war für mich etwas Vages. Ich hatte eigene Gedanken, was und wer Gott sein könnte, und suchte nach einem Weg oder einer Antwort für mich. Als meine Cousine zum lebendigen Glauben an Jesus Christus fand und sich dazu

bekannte, hatte ich allerdings nur ein Lächeln dafür übrig. Trotzdem schenkte sie mir zu meinem 50. Geburtstag eine Bibel. Ich las gelegentlich darin, beschäftigte mich jetzt häufiger mit Gott und dankte ihm für all das Gute, was er mir in meinem Leben bisher geschenkt hatte.

Unsere Mutter, die inzwischen in ein Pflegeheim gekommen war, hielt an ihrem Glauben fest. Anders hätte sie nach ihrem entbehrungsreichen und aufopferungsvollen Leben wohl auch nicht diese Zufriedenheit finden können. So hatte ich innerlich vor Jahren den Entschluss gefasst, den »Wanderstab des Glaubens« von meiner Mutter einmal bekennend zu übernehmen, wenn sie starb.

Als unsere Mutter im Alter von 85 Jahren nach einer Operation einen Schlaganfall erlitt, war sie nahezu vollständig gelähmt und ans Bett gefesselt. Sie hatte in der Zeit zuvor mehrfach den Wunsch geäußert, nicht künstlich am Leben erhalten zu werden. Sie wollte in den Himmel gehen. Wir respektierten ihren Willen. Trotzdem wurde ihr nach der Operation eine Sonde durch die Nase gelegt, und sie kam zurück ins Pflegeheim. Die Besuche an ihrem Bett waren hart für mich.

Als die Schwester meiner Mutter sie das letzte Mal besuchte, betete diese das Vaterunser. Ich stellte mich neben sie und betete leise mit. Wieder zu Hause sagte meine Tante: »Warte mal, ich habe da noch etwas für dich«, und gab mir eine kleine Gideon-Bibel. Ich freute mich darüber und begann, gelegentlich darin zu lesen und sie immer bei mir zu tragen.

Die Situation meiner Mutter belastete mich sehr, und ich bekam in dieser Zeit Kontakt zu einer christlichen Gemeinde am Ort und wurde hier aufgefangen. Meinen Geschwistern und mir stand noch ein Termin mit den Ärzten bevor, wo es um den Wunsch unserer Mutter ging, nicht künstlich am Leben erhalten zu werden. Als ich am Abend vorher spazieren ging, war es, als sage Gott zu mir: »Ich bin bei euch. Es wird alles gut.« Am folgenden Tag mussten die Ärzte aufgrund von Komplikationen die Ernährungssonde bei meiner Mutter ziehen. Sie wurde nun mit Schmerzmitteln versorgt und verschied nach kurzer Zeit völlig friedlich.

Mit der Beerdigung war auch für mich der Moment gekommen, öffentlich zu erklären, dass ich den Glauben unserer Mutter fortführen wolle. Ich bat den Pfarrer, mein Bekenntnis zu Jesus Christus auf der Trauerfeier vorzulesen; ich wäre dazu selbst nicht in der Lage gewesen. Zuvor hatte ich in meine Gideon-Bibel den Todestag meiner Mutter als Übergabetag meines Lebens an Jesus eingetragen – obwohl ich zu diesem Zeitpunkt noch nicht wirklich begriff, was das bedeutet.

Von meiner Frau, meinen Geschwistern, so wie allen Verwandten wurde dies damals sicher noch als Überreaktion auf den Tod unserer Mutter eingestuft und nicht so ernst genommen.

Nach dem anschließenden Urlaub mit intensiverem Bibellesen wurde mir mein eigenes falsches Leben drastisch bewusst. Ich bekannte Jesus Christus meine Sünden, bat ihn um Vergebung und darum, in mein Herz zu kommen. Ich erlebte meine Wiedergeburt und war überwältigt von Freude. Seit diesem wunderbaren Erlebnis stehe ich fest im Glauben und genieße jeden Tag die Fürsorge und Herrlichkeit des Herrn und darf ihn bei vielen Gelegenheiten bezeugen.

Als meine Schwester die Sachen unserer Mutter aufräumte, fand sie auch meine alte Konfirmationsurkunde. Als ich den Spruch las, war ich verblüfft: *»Denn ich schäme mich des Evangeliums nicht, denn es ist eine Kraft Gottes, die da selig macht alle, die daran glauben«* (Römer 1,16). Es ist wunderbar, wie Gott führt.

Günther Tietz *ist Jahrgang 1953 und gelernter Mess- und Regeltechniker; außerdem studierte er Automatisierungstechnik. Als Bereichsleiter ist er heute im Anlagenbau tätig. Er besucht eine Freie evangelische Gemeinde in einem der neuen Bundesländer. Seine kleine Gideon-Bibel ist ihm regelrecht ans Herz gewachsen und dient ihm zum Studium des Neuen Testamentes.*

Dr. Paul Seydel

»Wenn ich jetzt springe, geht es ganz schnell ...«

Hotelzimmer: nachts um 3 Uhr

Es war der 8. Dezember 1982, nachts um 3 Uhr. Ich war in meinem Zimmer im 9. Stock des Maritim Hotels in Travemünde und so verzweifelt, dass ich mir das Leben nehmen wollte. Im Hotel fand ein Kongress für Ärzte und Psychotherapeuten statt, zu dem mich meine Ärztin und Therapeutin mit ihrer Gruppe mitgenommen hatte. Durch ein hemmungsloses und egoistisches Leben hatte ich meine Ehe zerstört, und meine Frau hatte sich scheiden lassen. Jetzt war ich in Behandlung, weil ich einfach nicht mehr wusste, wie es weitergehen sollte. Ohne Familie erschien mir mein Leben sinnlos.

Als ich am Fenster des Hotelzimmers stand, dachte ich: »Wenn ich jetzt springe, geht es ganz schnell. Dann bin ich alle Sorgen und mein verpfuschtes Leben los.« Ruhe- und schlaflos wanderte ich durchs Zimmer und sah ein Buch dort liegen: eine blaue Gideon-Bibel. Ich schlug sie auf und begann zu lesen. Als ich wieder auf die Uhr sah, war es 6 Uhr morgens, und ich hatte das Gefühl: Das ist meine Rettung, dieses Buch muss ich haben.

Wieder zu Hause in Böblingen, ging ich los, eine Bibel zu kaufen. Die Buchhändlerin meinte zwar, es sei doch besser, die deutschen Dichter und

Philosophen zu lesen, aber ich blieb bei der Bibel. Trotzdem konnte ich das, was ich las, nicht wirklich verstehen; außerdem fehlte mir der Kontakt zu einer Gemeinde und zu anderen Christen.

1986 heirateten meine Freundin und ich in einer evangelischen Kirche in München. Einen Tag nach unserer Trauung berichtete ein Mann im Sonntagsgottesdienst unserer neuen Kirchengemeinde von der Arbeit der Gideons. Da dachte ich: »Durch so eine Bibel bist du doch mal gerettet worden.« Also ging ich nach dem Gottesdienst zu diesem Mann hin und bot meine Dienste an.

Als Verkäufer-Trainer, der Autoverkäufern das Kontaktieren von Kunden und Interessenten an der Haustür beibringt, könnte ich leicht auch ein paar Bibeln nebenher verteilen – so hatte ich mir das vorgestellt. Dieser Mann wollte mich aber erst einmal kennenlernen und lud mich zu einem Treffen der Gideons in München ein. Ich bekam dort eine kleine blaue Gideon-Bibel geschenkt und dokumentierte in ihr mit Namen und Unterschrift, dass ich Jesus Christus als meinen Heiland annahm. Aber in meinem Leben änderte sich nicht viel.

Zwei Jahre später aber stellte ich noch einmal ganz bewusst mein weiteres Leben unter die Herrschaft von Jesus Christus. Dieses Mal spürte ich die Wirkung dieser Entscheidung ganz deutlich, und es begann eine Zeit, in der ich mich ständig ermutigt fühlte, anderen von meinem Leben mit Jesus Christus zu erzählen. Schließlich schloss ich mich auch den Gideons an und gebe seither selbst die Bibeln gerne weiter.

Mein Bekenntnis zu Jesus Christus blieb aber nicht ohne Folgen. Als selbstständiger und freiberuflicher Teamtrainer verlor ich meinen größten Kunden, weil es dort einigen Mitarbeitern nicht gefiel, dass ich auch am Arbeitsplatz über meinen Glauben redete. Aber der Herr sorgte für mich und führte mich Anfang 1995 mit einem neuen Projekt über einen anderen Kunden wieder zu diesem Großkunden zurück. Jesus ist stärker!

***Dr. Paul Seydel** war Unternehmensberater und ist nun im Ruhestand. Als Gideon-Mitglied nimmt er ehrenamtlich einige verantwortliche Aufgaben wahr. Sein lebensbegleitender Bibelvers ist aus Micha 6,8: »Es ist dir gesagt, Mensch, was gut ist und was der HERR von dir fordert, nämlich Gottes Wort halten und Liebe üben und demütig sein vor deinem Gott.«*

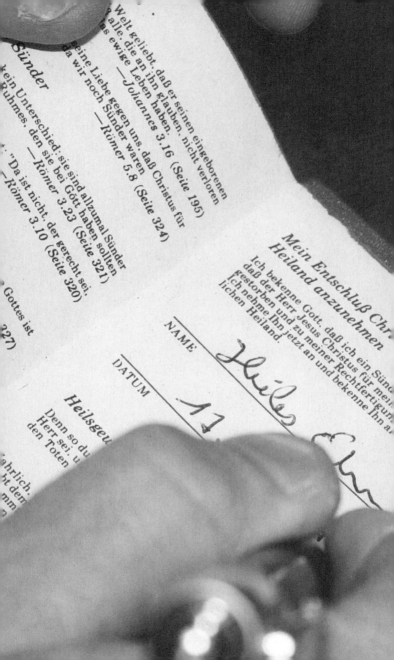

Heiko Ehrhardt

Ein kleines »Amen« auf Gottes großes »Ja«

Es war die letzte Seite der Gideon-Bibel

»Papa. Schau mal. Ich habe in der Schule eine Bibel geschenkt bekommen.« Worte meiner 10 Jahre alten Tochter, die mich in die Zeit zurückführten, als ich selbst Schüler war und meine erste Bibel von den Gideons erhielt. Geändert hat sich nicht viel: Meine alte Bibel war rot. Heute ist sie grün. Verlässlich, Jahr um Jahr, kommen Gideons in Schulen, um Schulkindern etwas von der Bibel zu erzählen und um ihnen eine kleine, in der Tasche tragbare grüne Bibel zu schenken. Als damals die Gideons zu uns kamen, hatte ich allerdings schon eine alte Kinderbibel, die ich mit ihrer einfachen Sprache und den vielen Bildern geliebt und förmlich verschlungen habe. Daher fiel es mir auch nicht schwer, die Fragen, die der nette ältere Herr von den Gideons stellte, zu beantworten. Und immerhin: Ich war der Sohn des Pfarrers, und man erwartete, dass ich die eine oder andere Geschichte kannte.

Die kleine Taschenbibel, die ich dann bekam, habe ich nie so recht gelesen. Den Luthertext habe ich erst Jahre später lieben gelernt. Aber etwas anderes war für mich damals sehr wichtig, und das ist es noch bis heute: Die kurze Einleitung und das Register, wo man welche Stelle in der Bibel findet.

Und vor allem die letzte Seite, auf der ich mit Datum und Unterschrift bekunden konnte, zu Jesus Christus zu gehören. Manch einer mag darüber lächeln, denn Christ sein ist eine lebenslange Angelegenheit, und wer mit Ernst Christ ist, lernt bis zu seinem Tode nie aus, ist nie »fertig«. Er muss immer wieder im Wort Gottes lesen und Gottes Willen im Gebet erfragen. Und doch denke ich, dass es gut ist, wenn man einmal im Leben sein eigenes kleines »Amen« auf Gottes großes »Ja« spricht. Und für Jugendliche ist diese Form, etwas fest zu machen und seinen Willen zu bekunden, sogar eine ganz wichtige Angelegenheit. Deshalb habe ich auch bis heute nicht vergessen, dass ich damals in einer kleinen Bibel mit meiner Unterschrift versichert habe, dass ich zu Jesus gehöre.

Die kleine Gideon-Bibel ... Ich habe sie bei einem meiner vielen Umzüge leider verloren. Natürlich habe ich die Bibel inzwischen nicht nur als Kinderbibel gelesen – inzwischen ungefähr fünfmal von ganz vorne bis ganz hinten. Aber an diese kleine rote Taschenbibel von den Gideons mit meiner Unterschrift drin kann ich mich von allen am besten erinnern.

Und deshalb möchte ich an dieser Stelle zweierlei sagen:

Zum einen einfach mal ein »Danke« dafür, dass es bis heute die Gideons gibt und dass bis heute Menschen treu und regelmäßig das Wort Gottes unters Volk bringen.

Zum anderen habe ich den Wunsch und das

Gebet, dass sich noch viele Menschen von der Liebe Gottes anstecken lassen, wie sie uns in der Bibel entgegentritt.

***Heiko Ehrhardt** ist gebürtig aus Dinslaken und studierte Theologie in Bonn, Tübingen, Münster und Marburg. Nach seiner Vikariatszeit war er Pfarrer im Sonderdienst in einem Evangelischen Kinder- und Jugendheim. Er ist verheiratet, hat 2 Kinder und leitete eine Pfarrstelle in Mittelhessen. Sein Konfirmationsspruch aus 2. Timotheus 1,7: »Denn Gott hat uns nicht gegeben den Geist der Furcht, sondern der Kraft und der Liebe und der Besonnenheit«, ist ihm heute noch sein Lebensvers.*

Alfred Günthner
»Ich wollte und wollte nicht«
Wenn finanzielle Schwierigkeiten zwingen, die Bibel zu lesen

Ich studierte gerade im ersten Semester, als ich unerwartet in finanzielle Schwierigkeiten geriet. Leider waren diese Probleme nicht von kurzer Dauer, sondern zogen sich so lange hin, dass meine psychischen Kräfte sich langsam dem Ende zuneigten.

In dieser Zeit bekam ich eine alte Gideon-Bibel in die Finger, die ich schon vor Jahren einmal in der Schule geschenkt bekommen hatte. Ich begann, darin zu lesen, fing mit den Evangelien an und hielt mich dann lange in der Offenbarung auf. Um ehrlich zu sein: Ich verstand nicht viel! Doch je mehr ich darin las, desto deutlicher spürte ich drei Dinge:

1. Das ist kein gewöhnliches Buch, es spricht die Wahrheit.
2. Mein Leben war vor Gott nicht in Ordnung, vor ihm konnte ich nicht bestehen.
3. Gott wollte mein Leben. Er zog an mir, warb um mich und sagte: »Komm zu mir!«

Ich wollte und wollte nicht, weil ich wusste, dass ich dann nicht so weiterleben konnte wie bisher. Obwohl mein Leben mich nicht wirklich erfüllte, liebte ich es. Ich fing an, jeden Abend ein einfaches Gebet zu sprechen: »Herr Jesus, ich will dich finden. Hilf mir, denn ich will und will doch nicht. Zieh du mich zu dir!« Es begann ein innerer Kampf, der sich über Wochen hinzog. Doch eines Abends war es dann so weit.

Ich kniete nieder und betete von ganzem Herzen dieses Gebet: »Herr Jesus, komm du in mein Leben, ich brauche dich, und ich will dich! Nimm du mein Leben in deine Hand!« Einige Augenblicke später spürte ich eine Veränderung. Meine Sorgen und Probleme waren plötzlich wie weggeblasen, sie belasteten mich nicht mehr. Ich merkte, dass der, zu dem ich gebetet hatte, wirklich zu mir gekommen war – unsichtbar. Auch ich spürte seine Liebe, eine Liebe, die es auf der Erde nirgendwo gibt, und ich erkannte, dass Jesus Christus die Liebe in Person ist.

Angesichts dieser Liebe wurde mir meine Sündhaftigkeit bewusst: Ich fing an, all die Sünden zu bekennen, an die ich mich erinnerte, und Jesus um Vergebung zu bitten. Eine riesige Last fiel von mir ab. Was für eine Erleichterung, was für eine Freude, was für ein Friede. Was hatte ich nicht all die Jahre mit mir herumgeschleppt. Jetzt wusste ich, dass ich das Leben habe, von dem Jesus in der Bibel gesprochen hat. Ich war ein völlig neuer Mensch und hatte Gott gefunden!

Dieses Ereignis konnte ich nicht für mich behalten, sondern erzählte es in der Familie und im Freundeskreis weiter. Außerdem war die Bibel plötzlich ein lebendiges Buch für mich. Hatte ich vorher so gut wie nichts verstanden, so fing Gott plötzlich an, durch die Bibel zu mir zu reden. Ich begann, Bibelverse zu verstehen und Zusammenhänge zu erkennen.

Ich stieß dann auf folgende Bibelverse, die ich zwar vorher nicht gelesen, aber nun erlebt hatte:

»... denn wer den Namen des Herrn anrufen wird, soll gerettet werden.«
(Römer 10,13)

»Und in keinem andern ist das Heil, auch ist kein andrer Name unter dem Himmel den Menschen gegeben, durch den wir sollen selig werden.«
(Apostelgeschichte 4,12)

»Und wir haben erkannt und geglaubt die Liebe, die Gott zu uns hat. Gott ist Liebe ...«
(1. Johannes 4,16)

»Und das ist das Zeugnis, dass uns Gott das ewige Leben gegeben hat, und dieses Leben ist in seinem Sohn. Wer den Sohn hat, der hat das Leben; wer den Sohn Gottes nicht hat, der hat das Leben nicht.«
(1. Johannes 5,11-12)

Ich stellte später fest, dass ich in unserem Ort nicht der Einzige war, der so etwas erlebt hatte. Man besuchte zwar verschiedene christliche

Gemeinden, trotzdem ging jeder durch dieselbe Tür, Jesus Christus:

»*Da sprach Jesus wieder: Wahrlich, wahrlich, ich sage euch: Ich bin die Tür zu den Schafen. Alle, die vor mir gekommen sind, die sind Diebe und Räuber; aber die Schafe haben ihnen nicht gehorcht. Ich bin die Tür; wenn jemand durch mich hineingeht, wird er selig werden und wird ein- und ausgehen und Weide finden.*«
(Johannes 10,7-9)

»*Spricht zu ihm Thomas: Herr, wir wissen nicht, wo du hingehst; wie können wir den Weg wissen? Jesus spricht zu ihm: Ich bin der Weg und die Wahrheit und das Leben; niemand kommt zum Vater denn durch mich.*«
(Johannes 14,5-6)

Die Entdeckung der Liebe Gottes durch Jesus Christus und die Gemeinschaft mit ihm haben mein Leben nachhaltig verändert. Und ich kann bezeugen, dass Gott jeden Menschen liebt und ihm durch Jesus Christus seine Hand entgegenhält, die man nur ergreifen braucht.

Alfred Günthner *wurde 1965 in Mittelfranken geboren und ist verheiratet mit Doris, sie haben drei Kinder. Nach Abschluss des Studiums zum Betriebswirt war er einige Jahre als selbständiger Softwareentwickler tätig, was er zurzeit als Angestellter in der Metallbranche weiter* *ausübt. Heute ist er selbst Gideon und gibt gerne Taschenbibeln in Schulen weiter. Sein lebensbegleitender Bibelvers ist »Dieser (Jesus) ist der wahrhaftige Gott und das ewige Leben. Kinder, hütet euch vor den Abgöttern!« (1Jo 5,20-21).*

Nachwort des Herausgebers

Wenn es einen lebendigen Gott gibt – und den gibt es! – und er Menschen inspiriert hat, sein Wort aufzuschreiben (die Bibel), dann ist dieses Wort ebenfalls lebendig! Wenn nun das geschriebene Wort lebendig ist, dann ist sein Autor anwesend, wenn ein Mensch die Bibel liest. Gottes Geist spricht zu den Menschen in allen möglichen und unmöglichen Lebenssituationen durch sein Wort. Es sind die unglaublichsten Biographien, wenn Gottes Wort plötzlich zu einem Menschen »spricht« und dieser erkennt, dass der lebendige Gott selbst redet. Gottes Wort wirkt nicht selten wie ein Hammer, der Felsen zerschmettert, damit Menschen zur Umkehr und zum Glauben an Jesus Christus finden.

Nehmen Sie die folgenden Hinweise »Schritte in ein neues Leben« persönlich und treffen Sie eine Entscheidung.

Schritte in ein neues Leben

Wenn Sie wissen wollen, wie man ein Leben mit Jesus Christus beginnt, nennen wir Ihnen hier fünf Schritte in ein neues Leben:

1. Wenden Sie sich an Jesus Christus und sagen Sie ihm alles im Gebet. Er versteht und liebt Sie.

»Kommt her zu mir, alle, die ihr mühselig und beladen seid; ich will euch erquicken.«
(Matthäus 11,28)

2. Sagen Sie ihm, dass Sie bisher in der Trennung von Gott gelebt haben und ein Sünder sind. Bekennen Sie ihm Ihre Schuld. Nennen Sie alles, was Ihnen an konkreten Sünden bewusst ist.

»Wenn wir aber unsre Sünden bekennen, so ist er treu und gerecht, dass er uns die Sünden vergibt und reinigt uns von aller Ungerechtigkeit.«
(1. Johannes 1,9)

3. Bitten Sie den Herrn Jesus Christus, in Ihr Leben einzukehren. Vertrauen und glauben Sie ihm von ganzem Herzen. Wenn Sie sich dem Herrn Jesus Christus so anvertrauen, macht er Sie zu einem Kind Gottes.

»Wie viele ihn aber aufnahmen, denen gab er Macht, Gottes Kinder zu werden, denen, die an seinen Namen glauben.« (Johannes 1,12)

4. Danken Sie Jesus Christus, dem Sohn Gottes, dass er für Ihre Sünde am Kreuz gestorben ist. Danken Sie ihm, dass er Sie aus dem sündigen Zustand erlöst und Ihre einzelnen Sünden vergeben hat. Danken Sie ihm täglich für die Gotteskindschaft.

»... in dem (Jesus Christus) *wir die Erlösung haben, nämlich die Vergebung der Sünden.«*
(Kolosser 1,14)

5. Bitten Sie Jesus Christus, die Führung in Ihrem Leben zu übernehmen. Suchen Sie den täglichen Kontakt mit ihm durch Bibellesen und Gebet. Der Kontakt mit anderen Christen hilft, als Christ zu wachsen. Jesus Christus wird Ihnen Kraft und Mut für die Nachfolge schenken.

»Wer mir dienen will, der folge mir nach; und wo ich bin, da soll mein Diener auch sein. Und wer mir dienen wird, den wird mein Vater ehren.«
(Johannes 12,26)

Weitere Informationen

Wenn der Inhalt dieses Buches Sie berührt hat, Sie Freund des Gideonbundes werden wollen oder sich für eine Mitgliedschaft interessieren, schreiben Sie uns. Einige dieser Zeugnisse sind auch auf DVD erhältlich (Bestellung: info@gideons.de; Tel. 06441 7845-20; Fax: 06441 7845-820).

Internationaler Gideonbund in Deutschland
Christian-Kremp-Straße 3
35478 Wetzlar

Tel.: 06441 7845-0
info@gideons.de
www.gideons.de

Buchempfehlung

Hartmut Jaeger
Warum das alles?
Denkanstöße und
persönliche Erfahrungen
im Leid
Tb., 64 Seiten
Best.-Nr. 273.801
EUR (D) 2,50
EUR (A) 2,60
SFR 3,90
ISBN 978-3-89436-801-2

Trotz Fortschritte in der modernen Medizin, nehmen schwere Krankheiten wie Krebs zu. Die Zahl der Naturkatastrophen steigt, und die scheinbar so sichere Welt wird immer unsicherer. Persönlich und in unserem Umfeld werden wir oft mit unfassbarem Leid konfrontiert.

In diesem Buch gibt der Autor anhand der Bibel Hilfen, um die Verzweiflung zu überwinden und bohrendes Fragen zur Ruhe kommen zu lassen.

Außerdem erzählen einige Christen davon, wie sie mit Leid in ihrem Leben umgegangen und fertig geworden sind.

Christliche Verlagsgesellschaft mbH
Kompetent. Profiliert. Engagiert.

Buchempfehlung

Hartmut Jaeger/
Joachim Pletsch (Hrsg.)
Leid, Tod, Trauer
Ein Wegweiser zur
Hoffnung
Tb., 160 Seiten
Best.-Nr. 273.455
EUR (D) 3,90
EUR (A) 4,00
SFR 5,90
ISBN 978-3-89436-455-7

Über dem Leben jedes Menschen schwebt die Angst davor, leiden zu müssen. In diesem Buch berichten Menschen, die durch Krankheit oder Unfall ihren Ehepartner oder ihr Kind verloren haben. Ihre Berichte zeigen, dass Gott auch in den dunkelsten und schwersten Stunden des Lebens da ist, tröstet und hilft.

Christliche Verlagsgesellschaft mbH
Kompetent. Profiliert. Engagiert.

Buchempfehlung

Hartmut Jaeger
Ja, aber ...
Fragen, Einwände und
Antworten zum Leben
Tb., 128 Seiten
Best.-Nr. 273.964
EUR (D) 2,50
EUR (A) 2,60
SFR 3,90
ISBN 978-3-89436-964-4

Der Autor gibt auf einfache Weise Antwort auf die verschiedensten Einwände zum Leben und Glauben, die dem nach Gott Suchenden häufig Schwierigkeiten bereiten. Das Buch ist eine Fundgrube mit hilfreichen Erklärungen zu aktuellen Themen für den missionarisch Interessierten.

Christliche Verlagsgesellschaft mbH
Kompetent. Profiliert. Engagiert.